CÓMO TRABAJAR EN LÍNEA Y TENER UN HOME OFFICE

Ideas para Conseguir Trabajos Online y Ser
Productivo Trabajando desde Casa

ALBION HOLDEN

Índice

Introducción

Siempre he tenido varios tipos de trabajo en línea para obtener ingresos adicionales. Usé esos pequeños ajetreos para crear otro tipo de trabajo para mí en línea. Se podría decir que soy bastante resistente. No importa los desafíos que pueda enfrentar, siempre encuentro la manera de conquistarlos. Si me enfrentaba a una montaña de problemas, por lo general me encontraba superándolo y saliendo mejor parado.

En el mundo laboral habitual, he realizado muchos tipos de trabajo. Mucho trabajo en restaurantes, servicio al cliente, personal de eventos, embajador de marca, catering, representante de colecciones, mano de obra general: la lista sigue y sigue. Casi siempre tengo múltiples fuentes de ingresos porque, para ser justos, he sido un niño un poco salvaje y siempre necesité un plan alternativo.

Las posibilidades de trabajo para mí en el mundo real comenzaron a reducirse cada vez más, redoblé mis esfuerzos para crear una fuente constante de ingresos a partir del trabajo en línea. Ya estaba haciendo reseñas de libros y productos, ingreso e investigación de datos en sitios web y ocasionalmente trabajo como asistente virtual. Una conexión que tenía con las reseñas de libros, me preguntó si era un escritor. Mi primera respuesta fue no. Entonces lo pensé. Tanto como me encanta leer y aparte lo hice muy bien en la escuela con la escritura.

¿Por qué no me llamaría escritor?

Así comenzó el verdadero comienzo de mi carrera en línea como emprendedor hogareño. Y me encanta. Navegar por el laberinto de posibilidades puede ser frustrante, confuso y desalentador, pero significa libertad.

Libertad de un lugar de trabajo fluctuante y en constante cambio. Libertad de trabajar para un empleador a la vez.

Libertad para tomar mis propias decisiones y horarios.

Esa libertad tiene un costo, al igual que toda libertad.

Este libro es una de esas fuentes de ingresos. En este libro, exploraré los muchos tipos de trabajo en línea disponibles, qué habilidades o equipo es necesario, cómo aprovechar al máximo tu tiempo y habilidades, cómo encontrar un trabajo real trabajando en línea hoy en día y enlaces a tantas fuentes como sea posible.

Otros libros, blogs y artículos te dirigirán al enlace para encontrar el trabajo y luego tendrás que averiguar si es para ti. El objetivo aquí es eliminar algunas de esas conjeturas brindándote la mayor cantidad de información posible para que puedas comenzar tu propio proceso sin tener que navegar por toda la basura de Internet.

Este libro está estructurado en capítulos divididos por cómo harías para encontrar un trabajo que te guste. La primera parte se trata de encontrar el trabajo que te gustaría hacer, establecer en qué es bueno y consejos generales sobre la búsqueda de empleo y el trabajo desde casa. La mayor parte del libro está dedicada a la orientación práctica para encontrar ese trabajo en el mundo real.

Puedes examinar los tipos de trabajos que se pueden realizar de forma remota y cómo podrías realizar el trabajo que amas. Por el contrario, te he proporcionado una lista de más de 60 empresas que están contratando activamente trabajadores remotos desde casa.

Finalmente, termino hablando de lugares para encontrar trabajo independiente o por encargo y sugiriendo algunas oportunidades laborales que podrías aprovechar trabajando desde tu casa como base de operaciones.

Si bien es posible que estos trabajos no se realicen completamente en casa, aún puedes trabajar fuera de tu casa sin tener que poner un pie en una oficina cooperativa.

Espero que este libro te ayude en tu búsqueda del trabajo perfecto para ti. La realidad es que todos debemos generar ingresos de alguna manera para poder vivir en esta sociedad, y también podrías hacerlo a tu manera con algo que te guste hacer.

El lugar de trabajo cambiante

TRABAJAR desde casa no es algo nuevo. Hace cien años, la mayoría de la gente obtenía sus ingresos de su hogar o su tierra, a menudo trabajando y viviendo en el mismo espacio. Herreros, granjeros, comerciantes, todos operaban algún tipo de negocio desde sus hogares y la tierra en la que estaban ubicados sus hogares.

A medida que la fuerza laboral se volvió más industrial y técnica, el lugar de trabajo y la fuerza laboral pasaron de estar ubicados centralmente alrededor de la casa a otra ubicación. La gente comenzó a trabajar en plantas, molinos y centros de procesamiento, viajando y saliendo de sus hogares la mayor parte del día de 24 horas.

Cuando Internet explotó en la escena en los años 80, la capacidad de trabajar de forma remota dio un renacimiento a la tendencia del trabajo desde casa. Cuanto más se adoptaba la tecnología en el lugar de trabajo, más personas podían trabajar desde su espacio en casa en lugar de ir a un espacio de trabajo físico.

Para la década de 2010, la tecnología había cambiado por completo la fuerza laboral y el lugar de trabajo para que los empleados pudieran trabajar de forma remota más fácilmente. Las conferencias virtuales, las aplicaciones, el software actualizado y una tecnología de más fácil acceso brindaron a las empresas y la fuerza laboral la capacidad de continuar haciendo crecer la industria del trabajo desde el hogar.

A partir de 2020, hay más de 5 millones de estadounidenses que trabajan desde casa al menos la mitad del tiempo, y ese número continúa aumentando exponencialmente. La cantidad de personas que trabajan desde casa ha aumentado más del 170 % desde 2005 y, a medida que el crecimiento de la tecnología continúa aumentando, la fuerza laboral continuará adaptándose y creciendo con él.

Para muchas personas, incluido yo mismo, habrá una gran cantidad de aprendizaje y adaptación necesaria para ponerse al día con el mundo cambiante. Es mejor aprender y cambiar que quedar obsoleto y sin opciones.

¿Es el trabajo en línea adecuado para ti?

. . .

Hablemos de los rasgos y habilidades necesarios para hacer un trabajo exitoso desde casa.

Organización

Incluso cuando trabajes para entidades que tienen reglas y políticas estrictas con respecto a sus empleados remotos, aún depende de ti mantenerte organizado y disciplinado en su enfoque de trabajo.

Comunicación

Es muy difícil mantenerte en comunicación con un jefe, compañeros de trabajo, clientes, etc. si tus habilidades de comunicación no están a la altura.

La palabra escrita y la palabra electrónica pierden algunos matices sutiles que la inflexión de la voz y el lenguaje corporal ayudan a transmitir.

Conciencia del tiempo

. . .

Para los roles que involucran un horario y momento fijo, simplemente deberás tener en cuenta un equilibrio entre el trabajo y la vida personal que garantice que estés listo para trabajar a tiempo.

En los roles en los que trabajan en proyectos, tienes que cumplir plazos o trabajar en varias tareas a la vez, necesitarás tener grandes habilidades de gestión del tiempo para mantenerte enfocado y puntual.

Proactividad

El mejor ataque es una buena defensa. Esto significa que tienes que mirar hacia adelante y planificar lo que viene a continuación todo el tiempo.

Experto en tecnología

Uno de mis mayores retos. El hecho de que me encanta leer y escribir bastante bien, no significa que tengo ni idea de cómo operar incluso una fracción de la última tecnología. Se vuelve muy necesario tener mucha fluidez técnica cuando se trabaja desde casa porque, literalmente, siempre se usa la tecnología.

Balance

. . .

Para ser exitoso, saludable y feliz, se debe tener un equilibrio adecuado entre el trabajo y la vida. Tienes que tener un tiempo establecido específicamente para el trabajo para que tu tiempo personal no se vea abrumado por las preocupaciones sobre lo que quedó sin hacer y viceversa. Esto puede ser uno de los más difíciles de lograr cuando se trabaja desde casa porque el trabajo y el hogar son lo mismo.

¿Qué quieres hacer?

Al igual que en el mundo 'real', existen muchos tipos diferentes de trabajo en línea. Cuanto más habilidoso seas, más servicios tendrás para ofrecer, por lo tanto, más valioso y comercializable será para el negocio de las hormigas, ya sea en persona o en línea.

Un trabajo bien remunerado con beneficios increíbles normalmente solo está disponible para alguien que ha invertido el tiempo y el esfuerzo para obtener un título o desarrollar algún tipo de habilidad. Su nivel de conocimiento y habilidades los convierte en un activo mayor para cualquier empresa con la que estén tratando de ser contratados.

Otro paralelo que tiene el mundo del trabajo en línea con el mundo del trabajo normal son los muchos tipos de trabajo que están disponibles: tiempo parcial, tiempo completo, temporal, por contrato, independiente y por cuenta propia son los diferentes tipos de trabajo disponibles para las personas, ya sea en persona o en línea. Estos términos son solo en referencia a la duración del trabajo, como en la cantidad de horas trabajadas y cómo se le paga al individuo.

Además, el trabajo en línea tiene algunas palabras más para transmitir el tipo de trabajo que se realiza. Trabajo a distancia, teletrabajo, trabajo móvil y trabajo remoto también son palabras que se usan para describir trabajar desde una computadora desde casa.

Para algunas personas, el tipo de puesto más cómodo y seguro es un trabajo de tiempo completo en una gran empresa establecida que ofrece un salario competitivo de acuerdo con su conjunto de habilidades y buenos beneficios para ellos y sus familias.

Para otros, una mayor flexibilidad y múltiples fuentes de ingresos se ajustan más a sus necesidades y vidas. Si este es el caso, hay muchas opciones disponibles. Aquí es donde entran en juego todos los términos mencionados anteriormente, y es importante saber la diferencia entre cada tipo de trabajo.

Tanto el trabajo a tiempo parcial como a tiempo completo significan lo mismo en línea que en persona. El individuo está trabajando para una empresa, empleado por esa empresa, donde los impuestos se deducen de su pago, así como los beneficios que se ofrecen y utilizan. El trabajo a tiempo parcial y a tiempo completo se explica por sí mismo. Tiempo parcial significa que trabaja de una a treinta horas por semana y está sujeto a las políticas y reglas que el empleador tenga para ese tipo de puesto.

Tiempo completo implica trabajar más de treinta horas por semana con los beneficios aplicables que se ofrecen.

Casi todas las grandes empresas tienen empleados que trabajan de forma remota.

Aquí es donde las habilidades, el conocimiento y la oportunidad comienzan a trabajar de la mano.

Para aquellos que recién comienzan en el mundo del trabajo en línea y están decidiendo qué ruta tomar, es como todas las demás cosas en la vida, lo mejor es informarse antes de tomar cualquier decisión. Nuevamente, los tipos principales de trabajo en línea son contrato, remoto, autónomo y solo.

Trabajo por contrato

El trabajo por contrato puede abarcar una variedad de puestos que realizan una variedad de tareas. Lo que todos tienen en común es que la persona no se considera un empleado de la empresa para la que trabaja y que el puesto no se considera fijo. Además, al empleado en el contrato se le paga el salario acordado, los beneficios normalmente no forman parte de la oferta, y no hay impuestos deducidos de su sueldo.

Trabajo Remoto

El trabajo remoto es cualquier tipo de trabajo que se realiza para una persona o empresa, pero las tareas se realizan desde casa o desde una ubicación remota. Ya sea que el individuo esté trabajando desde su casa para una compañía de las grandes con un ingreso fantástico con beneficios o esté jugando en la computadora con el wi-fi gratuito de algún restaurante, ambas partes están trabajando de forma remota.

Trabajo Independiente

El trabajo por cuenta propia es como el trabajo por contrato en el sentido de que la persona trabaja para una empresa o individuo de manera temporal por un salario acordado, durante un período de tiempo determinado tanto por el empleado como por el empleador. La diferencia entre los dos términos es que la frase trabajo por contrato puede refe-rirse tanto al trabajo en línea como al trabajo en persona, y el trabajo autónomo generalmente se usa con más frecuencia para describir a alguien que realiza varios trabajos en línea por contrato.

Trabajadores por cuenta propia

Los autónomos trabajan por cuenta propia. Ya sea que estén haciendo jardinería, limpiando casas, creando sitios web o actuando como anfitrión de un canal de internet, este tipo de puestos a menudo se realizan por cuenta propia. Esto significa que, al igual que los otros puestos enumerados anteriormente, los roles son variados, la duración del tiempo cambiará para cada asignación y no hay que deducir impuestos de su salario. Eso es algo que las personas empleadas deben manejar por su cuenta con el ISR.

Si bien estos términos son todos muy similares y pueden ser intercambiables, existen ventajas y desventajas para cada tipo de trabajo. Todo se reduce a qué tipo de trabajo harás, cuáles son tus necesidades, tu conjunto de habilidades, la cantidad de tiempo que puedes dedicar al trabajo y otros factores.

2

Consideraciones financieras

UNA DE LAS primeras cosas a considerar al decidir qué tipo de trabajo en línea buscar son las consideraciones financieras. En un trabajo regular, hay varios factores a considerar.

¿Hay un viaje desde tu casa hasta el lugar de trabajo?

¿Cuánto dura este viaje? ¿Cuál es el mantenimiento estimado de tu vehículo para este viaje? ¿Cuánto de tu cheque de pago se destinará a llevarte de ida y vuelta al trabajo? ¿Tienes que vestir un uniforme? ¿Se proporciona este uniforme o tienes que proporcionar tu? ¿Puedes traer tu almuerzo? ¿Con qué frecuencia terminarás cenando fuera?

La lista sigue y sigue. Aquí en el área de Houston, Texas, muchas personas están muy familiarizadas con el hecho de que el viaje al trabajo es lo primero que debes considerar cuando piensas en un nuevo trabajo potencial porque puede ser el único factor que hace que el trabajo sea completamente inviable.

El mismo principio se aplica cuando comienzas una carrera en línea. Lo primero es lo primero. Hablemos de dinero. Los ingresos son la razón por la que casi todo el mundo va a trabajar. Sin una fuente de ingresos, la mayoría de las personas no pueden mantener un nivel de vida decente para ellos y sus familias. Entonces, lo primero que debes considerar es cuánto dinero necesitas ganar y cuánto tiempo tienes que dedicar para buscar ese ingreso.

Los ingresos en línea son los mismos que cualquier otro ingreso. Cuanto mejor seas en algo, cuanto más especializada sea tu habilidad, más te pagarán. Por ejemplo, un médico que asistió a la escuela durante ocho a diez años adicionales después de la escuela secundaria ganará mucho más dinero que alguien con un GED con una capacitación laboral mínima.

Así es como funciona el mundo. Sin rodeos. Nada de ir y recoger los fáciles doscientos dólares. Si deseas obtener la mayor cantidad de dinero posible, deberás obtener algún tipo de educación o capacitación que lo haga más valioso.

. . .

Sin esa capacitación o habilidad específica, todavía hay otras opciones disponibles. Si puedes leer, escribir, escribir a máquina y navegar por Internet, hay algo que puedes encontrar para hacer en línea que creará una fuente de ingresos. Personalmente, mi consejo sería investigar varios tipos de trabajo en línea y utilizar un par de ellos. Eso te permitirá más libertad a medida que encuentres tu nicho, tu lugar en el mundo del trabajo en línea.

Seguimiento de los impuestos

En un ambiente de trabajo tradicional, por muy variado que sea, el empleado completa el papeleo para ser contratado, se realiza un seguimiento de sus horas y luego se les emite un cheque al final del período de pago. Al momento de emitir el cheque de pago, el empleador ya habrá calculado y retirado la cantidad correspondiente de impuestos y los habrá enviado a las agencias designadas.

Cuando te encuentres trabajando como cualquier tipo de empleado donde no se descuenten los impuestos. Como contratista, trabajador independiente, autónomo, etc., los impuestos no se retiran automáticamente, y una vez que hayas ganado más de $600, tu eres responsable de asegurarte de que la cantidad adecuada de impuestos haya ido a las entidades correspondientes.

. . .

En una nota al margen, si te pagan sin haber registrado toda tu información personal, como nombre completo, fecha de nacimiento, número de seguro social, etc., entonces no hay forma de que nadie rastree ese dinero.

Por ejemplo, el empleado Juan Pérez va a trabajar para la Compañía A Desde el principio, proporciona toda su información personal: fecha de nacimiento, número de licencia, dirección, número de seguro social, etc. Entonces, cuando llega el momento de recibir el pago, la Compañía A emite el pago, informa a las autoridades correspondientes y envía los pagos correctos.

Por el contrario, Maria Pérez acepta trabajar para la empresa B como independiente.

La compañía B solo conoce a María Pérez por su nombre en línea, "mariaperezwebsites@website.com" y, por lo tanto, no tiene información de seguimiento ni de identificación personal de ella. Llegan a un acuerdo sobre qué servicios se realizarán y por qué cantidad. Una vez que se han prestado los servicios, la compañía B envía un depósito directo a la cuenta de pago en línea de Maria Pérez.

Debido a que la empresa no tenía ninguna información de identificación personal, Literalmente, no hay forma de que presenten nada ante el gobierno que indique a quién le pagaron estos fondos. Ahora depende de María Pérez cómo decide declarar o no declarar ese dinero.

El objetivo de esta comparación no es decirte que no declares tus impuestos, sino hacerte saber que una vez que tengas el control de tus propios impuestos, todo depende de ti, incluidas las consecuencias. El gobierno no es una entidad con la que se pueda jugar, y es importante que realices un seguimiento de tus ingresos y te asegures de enviar la cantidad adecuada de impuestos al gobierno federal y al estado, cuando corresponda, para evitar complicaciones legales.

Tener en cuenta los costos iniciales

Los costos iniciales para encontrar un trabajo real desde el hogar serán tan variados como los trabajos mismos. Una computadora portátil que funcione, cierta cantidad de acceso a Internet y electricidad parecen ser lo mínimo para trabajar desde casa. A partir de ahí, se extiende a tener una oficina en casa completa con Internet por cable, un espacio de trabajo dedicado libre de distracciones, monitores extras, auriculares, cámaras web, software, velocidades específicas de carga y descarga y otras variaciones según el empleador específico.

. . .

Muchos de los trabajos que se realizan por teléfono implican cierto nivel de intercambio de información personal del cliente. Estos tipos de trabajos, en su mayor parte, requerirán que tengas algunos requisitos básicos.

Por básico, simplemente me refiero a un conjunto básico de requisitos. Porqué básico podría implicar que estos requisitos son fáciles de conseguir, y no siempre es así.

Para la mayoría de los trabajos telefónicos, deberás tener (al menos):

- Una computadora portátil de tres años o más nueva
- Internet por cable
- Software específico
- Auriculares
- Espacio dedicado en el hogar
- Monitor de un tamaño específico

La cantidad de dinero necesaria para obtener estos artículos es tan variada como los trabajos mismos y las personas que los realizan. El hecho es que necesitará algunos fondos iniciales.

Más adelante en este libro, los trabajos no telefónicos se tratarán en detalle. Si bien esos trabajos generalmente requieren mucho menos equipo, habrá algunas cosas básicas que necesitarás. Todos los trabajos desde el hogar requieren una conexión a Internet. De lo contrario, ¿cómo te conectarás con el mundo? Una computadora portátil también es imprescindible cuando no está trabajando en los teléfonos, generalmente puedes salirte con la tuya con cualquier computadora portátil que funcione, siempre que tengas las habilidades necesarias para realizar las tareas del trabajo. Sin embargo, estas son las necesidades más básicas y solo aumentarán a partir de ahí.

La conclusión es que los costos iniciales van desde lo que te cueste tu Internet hasta más de mil dólares para crear un entorno de oficina completamente funcional.

Investiga a fondo cualquier posición que elijas asumir antes de realizar cualquier inversión.

3

Precauciones

Aquí HAY algunas trampas comunes para evitar que la mayoría de las personas que trabajan desde casa pueden experimentar:

- Demasiadas suscripciones a diferentes tipos de 'ayuda' o mercados para encontrar eventos.
- Inversiones en equipos para un trabajo que no generará un retorno.
- Estafadores que intentan obtener tu información con fines de fraude.

Formas de evitar una experiencia negativa

En su mayor parte, existen algunas "reglas" generales que puedes seguir para evitar cualquier experiencia negativa al tratar de crear un ingreso que tu puedes generar desde casa.

- Mantente alejado de las ventas directas o el marketing multinivel. Las ventas son un componente para muchos trabajos relacionados con el teléfono en el campo del trabajo desde casa, pero si no estás ganando un salario por hora y luego algún tipo de comisión, es posible que desees dejar de lado esa oportunidad. MLM (marketing multinivel) tiene su propio tiempo, lugar y propósito, o eso dicen, pero para los propósitos de trabajar desde casa como un trabajo real, no es una gran opción.

- Mantente alejado de los esquemas piramidales. Cualquier cosa que requiera que hagas que otros se registren generalmente no es una buena idea. De ahí el concepto de pirámide.

- Investiga cuidadosamente las empresas que requieren un kit de inicio. Se requerirá alguna inversión de tu parte para una gran cantidad de trabajo de la empresa doméstica. Este tipo de gasto debe ser para tu propio equipo, computadora, auriculares, monitor, etc. y no algún tipo de kit que la entidad contratante te exige comprar para empezar. La única excepción a esto sería para aquellas personas que decidan dedicarse a algún tipo de marketing de afiliación o venta de productos. Esas oportunidades deben investigarse cuidadosamente antes de involucrarse en ellas.

- Cambio de cheques o transferencia de dinero, simplemente no lo hagas.

- Montaje en casa o relleno de sobres. Esto generalmente no es una buena idea. Ahí puede ser una oportunidad legítima para hacer un poco de dinero, y me refiero a poco, pero en su mayor parte, no es una buena idea.

- Revendedor o mayorista de productos. No estoy en contra de ser un comercializador afiliado, vendedor en línea, propietario de una tienda o cualquier otra empresa en la que esencialmente estés creando tu propio negocio. Hay muchas, muchas estafas e información errónea cuando se trata de vender cualquier tipo de producto, así que ten mucho cuidado.

Señales de una estafa

Soy desconfiado y escéptico por naturaleza tanto por naturaleza como por crianza, así que siento que puedo oler una estafa a una milla de distancia. Para aquellos que ven el mundo con menos escrutinio, algunos consejos sobre cómo ser víctima de una estafa ya sea por su información o su dinero:

- Se paga demasiado por muy poco trabajo. La verdad es que el dinero en línea no es dinero fácil, que eso sea una señal.

- La publicación/anuncio no es específico. Hay algún tipo de oportunidad que está disponible sólo para ti y que te hará rico de la noche a la mañana, pero no se especifica lo que estás haciendo. Simplemente haz clic aquí, envía tu correo electrónico para comenzar hoy. Todo eso, ignoralo.

- Dicen que te harás rico muy rápido. Si suena demasiado bueno para ser verdad, probablemente lo sea.
- Errores gramaticales o de ortografía. Si el anuncio o la publicación en sí tiene errores evidentes, generalmente es una mala señal.
- Oferta de trabajo inmediata. Si se te ofrece el puesto/la oportunidad sin ningún tipo de entrevista calificativa, verificación de referencias o incorporación en línea.

Ejemplos de Estafas de Empleo
Estafas de trabajo en casa

A mucha gente le gustaría trabajar desde su casa y generar ingresos. Los estafadores lo saben, así que publican anuncios, a menudo en internet, declarando que tienen trabajos con los que usted puede ganar miles de dólares al mes trabajando desde su casa dedicando poco tiempo y esfuerzo. El trabajo podría ser desde reenvío de productos hasta vender cosas a su comunidad. A veces, los estafadores tratan de atraer su interés diciendo que usted puede convertirse en su propio jefe, iniciar su propio negocio o establecer sus propios horarios.

Pero en lugar de ganar dinero, usted termina pagando kits de inicio, "capacitación" o certificaciones inservibles.

También podría descubrir que le hacen cargos a su tarjeta de crédito sin su permiso o podría quedar atrapado en una estafa de cheque falso. Si alguien le ofrece un trabajo y le dice que puede ganar mucho dinero en un breve período de tiempo y con poco esfuerzo, es una estafa.

Aquí algunos ejemplos de estafas de trabajo en casa:

Estafas de reenvío. Si estás buscando un trabajo en línea, es posible que veas anuncios de puestos de trabajo para jefes de control de calidad o asistentes personales virtuales publicados por estafadores. Pero veamos cómo se puede determinar si es una estafa: una vez que lo "contrataron" la compañía le dice que su "trabajo" consiste en recibir paquetes en su casa, descartar el embalaje y los recibos originales, volver a embalar los productos y luego tiene que reenviarlos al domicilio que le indiquen.

A veces, es un domicilio fuera del país. Con frecuencia son productos de alto precio, como artículos electrónicos de marca, que fueron comprados con tarjetas de crédito robadas. Reenviar mercaderías nunca es un verdadero trabajo. Simplemente es parte de una estafa. Algunas veces, la compañía te dice que te enviará tu primer cheque de pago después de que trabajes durante un mes, pero el cheque no llega nunca. Y cuando trates de comunicarte con la compañía, descubrirás que el número de teléfono ya no está conectado y que el sitio web está desactivado. Este "trabajo" es una estafa, y si diste tu información personal pensando que era para que te pagaran el sueldo, es posible que ahora tengas un problema de robo de identidad.

Estafas de reventa de mercaderías. En esta estafa, puede que recibas una llamada inesperada de parte de un extraño para ofrecerte una oportunidad de negocio. O puede que veas un anuncio en línea o en tu periódico local. En cualquiera de los casos, los estafadores te dicen que puedes ganar dinero comprando productos de marcas de lujo por un precio inferior al de venta al público y vendiendo esos productos con un margen de ganancia. Pero después de pagar los productos, el paquete nunca llega o, si llega, está lleno de baratijas.

Estafas de trabajos de cuidadores niños o de adultos, y asistentes personales virtuales. Los estafadores publican anuncios de trabajos falsos para puestos de niñeros, cuidadores y asistentes virtuales en sitios web de colocación de empleo. O pueden enviar emails aparentemente enviados por algún miembro de su comunidad, o por alguien que forma parte de una organización que tu conoces, como tu escuela superior o universidad. Si te presentas para el trabajo, la persona que te contrata te podría enviar un cheque. Te dirán que te quedes con una parte del dinero para cobrar tus servicios y que le envíes el resto del dinero a otra persona. Eso es una estafa. Un empleador legítimo nunca te pedirá que hagas eso. Y entonces, resulta que el cheque es falso. Un banco puede tardar semanas en descubrirlo, pero cuando lo haga querrá que tu repagues el monto total. Así que, si recibes un ofrecimiento que incluye depositar un cheque y usar parte del dinero por cualquier motivo, es una estafa. Apártate.

Estafas de comprador encubierto. Cobrar dinero por hacer compras suena como el trabajo ideal, especialmente si estudias a tiempo completo o estás buscando un trabajo extra. Pero aunque algunos trabajos de comprador encubierto son legítimos, muchos son estafas. Las compañías que ofrecen trabajos de comprador encubierto legítimamente no te pedirán que pagues por certificaciones, listas de empleos o trabajos garantizados. Si alguien te pide que le pagues para conseguir trabajo, es una estafa. Y si quieren que tu deposites un cheque y devuelvas una parte del dinero, pisa el freno. Eso es un indicio de una estafa de cheque falso.

Estafas de servicios de colocación de empleo. Si bien es cierto que hay muchas agencias de búsqueda de personal, agencias de trabajo temporario, buscadores de talentos y otras firmas de colocación de empleo que son legítimas, hay otras que mienten acerca de lo que harán por ti, promocionan puestos de trabajo desactualizados o falsos y cobran cargos por sus supuestos servicios. Las firmas de colocación de empleo legítimas no suelen cobrar un cargo. En cambio, es la compañía contratante la que les paga un cargo por buscar y encontrar candidatos calificados. Si una firma de colocación de empleo te pide que pagues un cargo, apártate. Podrías estar tratando con una estafa.

Estafas de empleo en el gobierno y el servicio postal. Tu respondes a un anuncio que promete empleos en el gobierno federal o el servicio postal. Pero entonces te enteras de que tienes que pagar un cargo para conseguir el trabajo, o pagar por materiales de estudio para obtener una calificación alta en el examen para ingresar al servicio postal. Esas son estafas. La información sobre las vacantes de empleo en el gobierno federal o en el Servicio Postal de EE. UU. es gratis y está a disposición de todos. Y para presentar una solicitud para un empleo federal o en el servicio postal no hay que pagar nada.

¿Cómo evitar una estafa de empleo?

Antes de aceptar un ofrecimiento de empleo, y por cierto antes de pagar por ello, sigue estos pasos para protegerte de las estafas de empleo:

Has una búsqueda en línea. Ingresa el nombre de la compañía o de la persona que te está contratando junto con palabras como "scam", "review" o "complaint"; si haces la búsqueda en español, agregue las palabras, "estafa", "comentario" o "queja". Podrías descubrir que han estafado a otras personas.

. . .

Habla con alguien de tu confianza. Descríbele el ofrecimiento. ¿Qué piensa? Esto también será útil para ganar tiempo vital para pensar sobre el ofrecimiento.

No pagues a cambio de la promesa de un trabajo. Los empleadores legítimos, incluido el gobierno federal, nunca te pedirán que pagues para conseguir un trabajo.

Cualquiera que lo haga es un estafador.

No cuentes nunca con el dinero de un cheque "cobrado".

Ningún empleador potencial que sea legítimo te enviará jamás un cheque y te dirá que envíes una parte del dinero ni que compres tarjetas de regalo con ese dinero. Eso es una estafa de cheque falso. El cheque será rechazado y el banco querrá que repague el monto del cheque falso.

4

Encontrar el trabajo adecuado para ti

¿ALGUNA VEZ ESCUCHASTE EL DICHO: "Haz lo que amas y nunca trabajarás un día más en tu vida"? Siendo realistas, existe una necesidad, una necesidad de trabajo, y no siempre te encantará. Siempre prefiero la fea verdad a una bonita mentira, así que mantengamos la realidad aquí y seamos honestos.

Para la mayoría de nosotros, el dinero es una necesidad, y si bien no todos amamos lo que hacemos, es muy favorable al menos disfrutarlo y estar cómodo sin tener que estar constantemente estresado.

Entonces, para encontrar cuál es el tipo de trabajo adecuado para ti, hazte algunas preguntas:

- ¿Cuáles son tus pasiones? ¿Qué es lo que tú amas hacer?

- ¿Cuáles son tus habilidades? ¿Qué puedes hacer bien? ¿Qué puedes hacer para mejorar las habilidades que ya tienes? ¿Hay nuevas habilidades que puedes aprender?
- ¿Cuál es tu experiencia previa? Es mucho más fácil construir sobre algo que ya tienes, pero no tengas miedo de probar algo nuevo.
- ¿Necesitas un seguro de salud? Esto es una preocupación muy práctica, especialmente para aquellos con otros que dependen de ellos.
- ¿Cuáles son tus necesidades de programación? ¿Tienes que ser flexible o puedes comprometerte con un horario regular? El hecho de que estés en casa no significa que no tendrás algún tipo de horario.
- ¿Está trabajando en objetivos a largo plazo o en satisfacer necesidades a corto plazo? Necesitas para pagar la cuenta de la luz, o estás pensando en los fondos universitarios de tus hijos?
- ¿Quieres iniciar un negocio? Si tu quieres iniciar un nuevo negocio, deberías estar enfocado en ganar un cheque de pago?
- ¿Cuál es tu nivel de capacidad de inversión? ¿Cuánto tienes que invertir en equipo, internet y otros equipos para poder empezar a trabajar en casa?
- ¿Puedes y estás interesado en ampliar tu educación para obtener más oportunidades? Recomiendo encarecidamente esta opción, y sí, también estoy siguiendo mi propio consejo aquí.

Tipos de habilidades que puede tener

Hay tres tipos de habilidades que pertenecen a la mayoría de los tipos de trabajo: técnicas, medibles y blandas.

Habilidades técnicas

Las habilidades técnicas son habilidades y conocimientos que nos permiten realizar tareas específicas. Son prácticos y a menudo se relacionan con tareas mecánicas, informáticas, matemáticas o científicas. Algunos ejemplos incluyen el conocimiento de lenguajes de programación, equipos mecánicos o herramientas.

Mientras que las habilidades técnicas son a menudo más importantes para los trabajos relacionados con la tecnología de la información y otros campos de las ciencias, muchas otras industrias también quieren empleados con al menos algunas habilidades técnicas.

Muchas habilidades técnicas requieren entrenamiento y experiencia para dominarlas. También son típicamente un tipo de habilidad dura. Las habilidades duras son aquellas que pueden ser enseñadas en un salón de clases, y pueden ser definidas, evaluadas y medidas (a diferencia de las habilidades blandas, que son atributos personales que te ayudan a tener éxito en el trabajo).

Algunos ejemplos de habilidades técnicas que buscan los empleadores pueden ser:

- Conocimientos de informática
- Uso de programas para hacer presentaciones
- Manejo de hojas de cálculo
- Manejo de software de bases de datos
- Uso de aplicaciones de métricas web
- Técnicas básicas de retoque fotográfico
- Manejo de programas de diseño o ilustración
- Conocimientos de gestores de contenido
- Conocimientos de transcripción y taquigrafía
- Técnicas de redacción persuasiva
- Manejo de herramientas contabilidad
- Dominio de idiomas

Las habilidades técnicas son importantes por varias razones. Pueden ayudarle a trabajar más eficientemente, aumentar su confianza y convertirlo en un candidato más valioso para los empleadores.

Los candidatos que tienen una habilidad técnica son a menudo más seguros al aplicar a ciertas industrias que aquellos que no la tienen. Además, los empleados con una habilidad técnica son a menudo mejores en la multitarea en un papel desafiante y complejo. Con la suficiente capacidad técnica, podrá hablar con sus colegas y clientes con más confianza utilizando sus conocimientos especializados.

Los graduados que se toman el tiempo para aprender una habilidad técnica a menudo reciben un pago más alto. Las empresas siempre están en busca de personal capacitado, ya que sus clientes esperan trabajar con equipos altamente cualificados en los que confían para obtener los resultados que necesitan.

Los graduados técnicamente capacitados también pueden ahorrar dinero a los empleadores, ya que no necesitan tanta capacitación para llegar a un nivel en particular.

Además, pueden evitar que se produzcan problemas técnicos, aumentar la satisfacción del cliente y reducir los problemas técnicos antes de que surjan.

¿Qué son las aptitudes técnicas?

Muchas veces se tiende a confundir habilidad técnica con aptitud técnica y eso no es así. Entendemos por aptitudes técnicas aquellas que permiten a una persona manejar correctamente equipos, maquinaría, instalaciones específicas o que tenga conocimientos técnicos en un campo determinado como puede ser el de la salud o la producción industrial.

Ejemplos de habilidades técnicas

Las habilidades técnicas se encuentran en muchas industrias diferentes, pero las más comunes incluyen los siguientes ámbitos.

Programación

Las habilidades de programación no están reservadas sólo para los desarrolladores. Otro personal de TI, como los equipos de servicio al cliente o los gerentes de proyectos, necesitan tener un conocimiento básico de programación para apoyar a los clientes o coordinar proyectos. Cualquier graduado que se incorpore a la industria de TI será más valioso para un empleador si sabe cómo codificar porque puede asumir tareas relacionadas con la programación desde el principio.

Gestión de proyectos

Ser capaz de coordinar eficazmente recursos, personas y presupuestos como gestor de proyectos es una de las mejores habilidades técnicas que se pueden tener. Los gerentes de proyecto son necesarios en todos los sectores, desde la construcción hasta el diseño digital.

Un gestor de proyectos cualificado podrá llevar a cabo los proyectos de forma más eficiente, utilizar los recursos de forma rentable y desplegar el personal adecuado para llevar a cabo las tareas adecuadas. Esto puede resultar en un ahorro de recursos, una rápida resolución de problemas, la anticipación de problemas futuros y una mejora general en el ambiente de trabajo.

Aunque no consiga una función de gestión de proyectos directamente de la universidad, sus habilidades de gestión de proyectos seguirán siendo muy valoradas y reconocidas por cualquier empleador potencial.

Análisis de grandes datos

Este tipo de análisis de datos es crucial en muchas funciones, ya que puede proporcionar a las empresas información vital que pueden utilizar para conservar su cuota de mercado o definir su ventaja competitiva. El análisis de grandes datos juega un papel crucial en todo el proceso de negocio, por lo que esta habilidad técnica es muy valorada por muchos empleadores.

. . .

La evaluación de grandes conjuntos de datos es una tarea compleja y los resultados ayudarán a identificar correlaciones, destacar a los clientes más valiosos de una empresa y evaluar el retorno de la inversión, para ver dónde se pueden realizar mejoras organizativas y estratégicas clave. Completar correctamente un gran análisis de datos puede resultar en operaciones de ventas y marketing más efectivas, mayores oportunidades para generar ingresos y una mayor eficiencia operativa.

Seguridad de la información

En un mundo cada vez más digital, la seguridad es un área de gran preocupación para muchos empresarios. Las brechas de datos pueden tener un impacto devastador en un negocio, desde la pérdida de clientes hasta el daño irreparable a la reputación de la empresa. Como resultado, la demanda de especialistas técnicos en seguridad está aumentando.

La gestión de la seguridad es una habilidad técnica en la que los especialistas desarrollan el conocimiento para identificar las lagunas en los sistemas, identificar las vulnerabilidades y adaptar las prácticas para fortalecer la forma en que se gestiona la información. Aprender sobre la seguridad de la información y mostrarla en su CV como una habilidad técnica puede añadir valor a su aplicación, especialmente si está entrando en una función de gestión de datos o de TI.

. . .

Habilidades medibles

Una habilidad medible es aquella que se puede definir.

Yo puedo escribir 65 palabras por minuto con un 100 % de precisión. Eso es una habilidad que se puede medir y definir.

Habilidades blandas

Se conocen también como soft skills o habilidades suaves. Las habilidades blandas combinan atributos que nos permiten desarrollar una interrelación socioemocional efectiva, establecer relaciones sólidas en el mediano y largo plazo, e influir positivamente en nuestra vida social, académica y profesional.

Gran parte del éxito y el buen desempeño en la productividad de equipos colaborativos dependen del desarrollo de sus habilidades blandas.

Las habilidades blandas generan además ambientes productivos donde las personas se sienten motivadas por sí mismas a cumplir un propósito. No se integran solo para realizar "su trabajo". En realidad buscan colaborar activamente en las fases de un proyecto, en la solución de conflictos o para proponer alternativas innovadoras.

Desarrollar las habilidades blandas es sin duda la mejor alternativa para marcar la diferencia al embarcarnos en un proyecto académico o laboral y llevar a otro nivel la calidad de nuestras relaciones socioafectivas.

Las habilidades blandas surgen por una necesidad: contratar personas preparadas y motivadas, y no solo personal capacitado. A finales de los 90 las empresas descubrieron que los años de la Guerra Fría habían quedado atrás. Las "habilidades duras" ya no eran suficientes. Ahora requerirían no solo de "recursos humanos" sino de seres humanos, individuos comprometidos en proyectos de crecimiento colectivo.

Competencias blandas: ser hábil es ser competente

Las habilidades blandas no nacen por sí solas ni son producto de una educación espontánea, sino de un esfuerzo constante por desarrollar conductas de valor, hábitos que se internalizan en nuestra conducta.

.   .   .

Una habilidad blanda como la asertividad, por ejemplo, nos permitirá desarrollar competencias fundamentales como la empatía.

Al saber transmitir y recibir con efectividad un mensaje podremos establecer mejores canales de negociación. A su vez, podemos encontrar alternativas para solucionar o evitar futuros conflictos.

En otro ejemplo, la adaptabilidad nos permitirá integrarnos orgánicamente a entornos colaborativos y desarrollar competencias tan relevantes como la proactividad.

Las habilidades blandas de mayor demanda para el futuro

Una plataforma encargada de investigar el futuro de los trabajos generó una lista de las habilidades emergentes en el mercado laboral del futuro. Su criterio responde a la demanda profesional presentada por las empresas en los últimos años de la era digital. Estas son:

Liderazgo e influencia social: carisma y capacidad de motivar a los demás. Es quizás el rasgo de mayor demanda. Lograr que otros crean en sí mismos y en un proyecto colectivo.

.   .   .

Pensamiento crítico: ser capaz de descomponer un problema o situación en varias partes para analizar las mejores opciones en su resolución.

Pensamiento analítico e innovador: "salirse de la caja" cuando la situación lo requiere; esto amerita un pensamiento divergente, que rompa con los patrones establecidos para buscar alternativas que no se habían contemplado.

Estrategias de aprendizaje activo: saber involucrarse con el conocimiento, hacerlo vivencial y propositivo. Darle un sentido y significado a lo que se aprende implica saber en qué se puede emplear y qué alcances puede tener lo aprendido.

Resolver problemas complejos: esto va de la mano de lo anterior, implica comprender la magnitud de un problema y sus repercusiones. Considerar todos los factores, cómo se generó este problema y cuáles son las alternativas exitosas para su resolución.

Creatividad e iniciativa: llevar a la realidad una idea innovadora.

La creatividad implica "crear" otras alternativas y volverlas tangibles. No confundir el ser creativo con ser "ocurrente";

el pensamiento creativo calcula, experimenta y trabaja desde un análisis que responde a parámetros no siempre racionales.

Resiliencia, flexibilidad: lo definen como "la capacidad de recuperarse, sobreponerse y adaptarse con éxito frente a la adversidad, y de desarrollar competencia social, académica y vocacional pese a estar expuesto a un estrés grave o simplemente a tensiones inherentes al mundo de hoy".

Evalúa tus habilidades

De estos ejemplos de habilidades, ¿qué tienes ya, en qué puedes trabajar más y qué nuevas habilidades puedes aprender?

Maneras de evaluar tus habilidades y qué crecimiento puedes obtener de ti mismo:

Reflexiona sobre tu anterior descripción de trabajo.

Para tu trabajo actual o último, piensa en las tareas en las que eras competente y luego amplía a partir de ahí. Por ejemplo, si eres un aficionado a Excel, sé específico con lo que puedes hacer exactamente.

. . .

Una cosa es decir que eres un maestro en Excel, y otra es poder cuantificar y calificar exactamente lo que puedes hacer con Excel (o cualquier otro conjunto de tareas).

Mira tus revisiones de desempeño anteriores.

¿Qué dijeron tus empleadores anteriores sobre tu trabajo?

Usa esto para corregir cualquier error y multiplica tus fuerzas.

Pídele a otras personas que te den su opinión.

La crítica constructiva no siempre es fácil de tomar, especialmente cuando no es constructiva, pero te ayudará a verte a ti mismo más claramente.

Renueva tu currículum.

Utiliza la recopilación de información que reuniste para renovar y revivir tu currículum. A menos que estés comenzando tu propio negocio, definitivamente necesitarás un

currículum, más aún ahora que tu deslumbrante personalidad no se puede sentir en persona.

Toma una prueba de comportamiento en línea.

Prueba las pruebas DISC o Myers Briggs para ayudarte a
comprender tus rasgos de personalidad, inteligencia emocional, e identificar tus fortalezas y debilidades

Entenderte a ti mismo

Trabajar desde casa no significa que ya no tengas que
interactuar con otras personas. No importa cuál sea la posición, siempre hay un nivel de interacción humana que debe
tener lugar, incluso si la interacción es solo de naturaleza
electrónica.

Comprenderte a ti mismo y conocer tus fortalezas y
debilidades puede ser muy útil para tu éxito como persona y
como empleado/empresario/propietario de un negocio. No
solo ayudará a tu cociente de éxito cuando se trata de ganar
dinero, sino que también ayudará con tus relaciones
personales.

. . .

Trate de tomar una prueba de personalidad y ver si los resultados son verdaderos con quien sabes que eres.

Existe una versión gratuita de una rama de Myers. Prueba del indicador de Briggs. Este cuestionario autoadministrado ayuda a identificar las preferencias psicológicas personales y cómo eso cambia la forma en que las personas perciben el mundo, interactúan con otras personas a su alrededor y luego toman sus decisiones individuales.

Evaluar tu tipo de personalidad no cambiará quién eres, tus circunstancias o el tipo de trabajo disponible para ti en este momento. Sin embargo, puede ayudarte a ver oportunidades que quizás antes no hubieras considerado posibles. O bien, puede ayudar a comprender por qué ciertos tipos de entornos de trabajo te hacen sentir incómodo o menos productivo.

Ventajas y desventajas de los trabajos desde casa

Al leer los siguientes tópicos, asocia cada condición a lo que planeas para tu futuro profesional y considera lo que crees que es más importante para tener una excelente calidad de vida.

Una buena sugerencia es hacer una lista de pros y contras.

. . .

Ventajas

1. No necesitas enfrentar el tránsito

Quienes comienzan a trabajar desde casa ya no necesitan ir a su lugar de trabajo todas las mañanas. Esta es una gran ventaja, principalmente si vives en una ciudad grande con un tráfico intenso de vehículos.

Hay quien no se preocupa por pasar tiempo en el auto o en el transporte público, pero si no soportas perder tiempo en el tráfico, puedes añadir este tópico a la lista de ventajas.

2. Pasas más tiempo con la familia

Si vives con tu familia o te gusta tener tiempo para visitarla a menudo, sabes bien qué importante es cada minuto cerca de quien amas.

Los padres y las madres que necesitan irse a trabajar pagan un alto costo emocional por estar lejos de sus hijos.

Además, necesitan justificar sus ausencias cuando los niños se enferman y, por supuesto, administrar los gastos que aumentan el presupuesto mensual, como la escuela, el transporte, entre otros.

· · ·

3. Controlas tu propio tiempo

Trabajando en casa tienes flexibilidad para definir tu horario de trabajo. Algunas personas se sienten más productivas por la mañana, ya otras trabajan mejor durante la noche o incluso por la madrugada.

Esto puede adecuarse según tu perfil, sobre todo si trabajas por tu cuenta.

4. Ahorras

Cuando trabajas desde casa, evitas comer en restaurantes y gastar con transporte público o gasolina.

Y si ahorras durante la semana, puedes aprovechar el dinero para invertir en tu negocio, pagar otros gastos importantes o tener un dinero extra el fin de semana.

5. Te alimentas de forma más sana

Si evitas comer en restaurantes, también escapas de algunas tentaciones a la hora de la comida o la merienda. De esta forma, tienes la oportunidad de invertir en una alimentación sana y preocuparte más por tu salud.

· · ·

6. Tienes más confort y comodidad

En casa, puedes organizar un espacio de trabajo que sea de tu gusto y personalizarlo según tus necesidades.

Además, puedes planear un espacio de descanso para después de la comida y preparar tu bebida preferida de la manera que más te guste. Estupendo, ¿verdad?

7. Tienes más tiempo para hacer lo que te gusta

El ritmo de ir y volver al trabajo a veces es tan agobiante e intenso que no sobra tiempo para nada más. Los trabajos desde casa también proporcionan más tiempo para pasear, hacer actividades físicas, cuidar de ti mismo e invertir en los estudios para aprender un nuevo idioma.

Desventajas de los trabajos desde casa

1. Puedes perder la privacidad mientras trabajas

Cuando trabajas en un ambiente privado o en el que todas las personas se concentran en un mismo objetivo, es más simple enfocarte y ser productivo.

Pero al trabajar en casa, corres el riesgo de ser interrumpido varias veces, ya sea por quien vive contigo, el teléfono tocando, un vecino llamando y otras situaciones comunes de un hogar.

. . .

Puedes trabajar en un ambiente no preparado.

Para trabajar en casa es necesario crear un ambiente a prueba de distracciones. Principalmente si eres dueño de tu propio negocio, eres tú quien debe estar atento y asegurarte de que tu rendimiento esté en el nivel esperado.

Sin embargo, si trabajas en un ambiente inadecuado, por ejemplo, con el portátil sobre la cama, por supuesto que tu rendimiento será perjudicial y, en tu caso, también tu salud.

2. Puedes trabajar excesivamente

En casa puedes perder la noción de horas trabajadas y terminar el día trabajando más que en un empleo tradicional.

Entendemos que si trabajas por tu cuenta, necesitarás esforzarte mucho más que en un empleo común, pero no puedes dejar que este hecho perjudique tu calidad de vida.

Vamos a darte algunos consejos interesantes al respecto en este post.

3. Puedes perder el contacto social

Si eres una persona socialmente activa, que le gusta mucho conversar, prepárate para pasar largos períodos sin mucho contacto social.

Cuando trabajas en una oficina tienes la oportunidad de hablar durante el horario de trabajo, intercambiar ideas a la hora del café y hacer nuevas amistades.

En casa, tu día a día naturalmente será más solitario. Algunas personas que realizan trabajos desde casa consiguen solucionar este problema trabajando al menos una vez por semana en oficinas de coworking, que son sitios preparados para recibir a profesionales remotos.

De esa forma logras realizar diversos trabajos desde casa la mayor parte del tiempo y aún fomentar el contacto social.

4. Puedes perder algunos beneficios

Este tema está especialmente enfocado en quien va a comenzar un negocio.

Cuando uno trabaja por cuenta propia, deja de recibir los derechos previstos por ley, como vacaciones remuneradas, plan de salud y registro en la libreta de trabajo.

. . .

Pero no te olvides que si tu negocio es rentable, tendrás varios beneficios que compensan la ausencia de los beneficios laborales.

7 competencias clave para ser un teletrabajador exitoso

Muchas compañías tuvieron que emprender una ágil transición con sus equipos para trabajar de forma remota en medio de la pandemia de coronavirus. Sin embargo, muchos se han dado cuenta de que se requiere desarrollar nuevas competencias para el teletrabajo.

Tal vez tú mismo has experimentado esos nuevos desafíos de adaptación ahora que estás trabajando desde casa.

Las soft skills, o habilidades blandas, tienen un papel más importante, en este contexto, que las habilidades técnicas y la experiencia laboral. Las empresas requieren de un personal ágil, que se pueda adaptar a los cambios y que lo hagan con la mejor disposición y energía posible.

Existe un sinfín de competencias que pueden serte muy útiles para ser un teletrabajador exitoso, como la puntualidad, la transparencia, el compromiso, la visión de metas, pero nosotros nos centraremos en las siguientes 7 habilidades, teniendo en cuenta una encuesta realizada en más de 50 países por una firma global líder en servicios de consultoría:

- Comunicación
- Colaboración
- Organización del tiempo
- Independencia
- Balance
- Autoaprendizaje
- Creatividad

Veamos en qué consiste cada una de ellas y por qué es importante que busques cómo desarrollarla para seguir mejorando tu perfil profesional:

- Comunicación (digital)

Sin la comunicación adecuada es imposible mantener el trabajo remoto. No solo es importante conocer el funcionamiento de las plataformas de mensajería o aparecer activo en ellas, sino también la forma de construir los mensajes y dirigirnos a los demás.

No puedes hacer una videollamada cada vez que quieras resolver una duda, así que la comunicación escrita es fundamental.

. . .

Debes aprender a escribir de forma clara y concisa, lo que implica que puedas sintetizar información, comprenderla y compartirla.

- Colaboración

Cooperar a distancia resulta imprescindible para los equipos remotos. Por lo tanto aquellos colaboradores que no estén en la oficina deben tener la iniciativa de colaborar a los demás y trabajar en equipo para alcanzar juntos los objetivos.

Esto implica comportamientos como cooperar con los demás, ser empático, cumplir con su parte y ofrecerte a ayudar a los demás.

Las comunidades virtuales y redes sociales pueden fomentar este sentido de equipo, motivando a la colaboración sin importar las diferencias en equipos multiculturales o de diferentes nacionalidades.

- Organización del tiempo

Cuando trabajas desde casa o desde un lugar diferente a la oficina, no tendrás a tu jefe observando todo lo que haces, ni preguntándote en qué estás trabajando.

Tú debes organizar tu tiempo y mantenerte en el camino de la alta productividad.

. . .

Para esto, lo mejor es tener la habilidad de organizar tu tiempo y si no la tienes, echar mano de herramientas que te permitan crear horarios o listas de tareas diarias que te ayuden a seguir la pista de tus actividades.

El tiempo es y seguirá siendo escaso y debes demostrar que puedes priorizar actividades de acuerdo a su importancia.

• Independencia

Como teletrabajador vas a estar mucho tiempo solo, reduciendo las posibilidades de pedir a un compañero ayuda rápida en alguna tarea.

La falta de interacción con jefes, compañeros o clientes puede afectar a muchos, que necesitan del contacto físico o de la interacción cara a cara para sentirse cómodo.

Por este motivo, la independencia es una característica clave para un trabajador remoto, debe tener la habilidad de solucionar problemas sin depender enteramente de otros ni de su interacción con ellos para sentirse cómodo.

• Balance

El truco del equilibrio es que sacrificar cosas importantes

no sea la norma.

Es fácil caer en los extremos de trabajar mucho o de hacerlo muy poco. La tendencia es no desconectarse y estar disponible más tiempo del que deberías. Así que otra habilidad necesaria es tener balance en este sentido para mantener una salud mental y física estables.

Aquí entra en juego la disciplina. Sin disciplina, prácticamente no logramos hacer o concluir nada de manera exitosa. Los trabajadores remotos que implementan filosofías como smart working, logran objetivos sin sacrificar su vida personal.

- Interés de aprendizaje

De acuerdo con las exigencias del mercado laboral es recomendable que las personas reserven un 20% de su tiempo para seguir aprendiendo, mejorar sus habilidades y seguir siendo empleables.

El 30% de los ejecutivos ven al aprendizaje como el conductor primario del desarrollo del empleado, según una encuesta realizada por la firma Deloitte.

Por esto, aquellas personas que se mantienen actualizadas, indagan sobre las tendencias en su campo profesional y están dispuestas a adquirir nuevos conocimientos sobre herramientas tecnológicas que faciliten su trabajo y el de los demás, son más capaces de adaptarse a trabajar fuera de la oficina.

• Creatividad y sentido de innovación

No todos los empleados deben tener un profundo conocimiento sobre apps o tecnología, sin embargo deben tener la capacidad de enfrentar los obstáculos que se les presenten de forma alternativa.

La creatividad es la habilidad del futuro. Se pone a prueba en circunstancias en las que el teletrabajador debe solucionar situaciones que no viviría en la oficina y lo preferible es que se apoye en la tecnología para hacerlo.

Contar con profesionales versátiles facilita, y mucho, el desarrollo del teletrabajo efectivo.

Es importante que, sin importar el cargo que ocupen, la mayoría de los colaboradores tengan capacidad de adaptación.

Es importante dejar en evidencia que para hacer trabajo remoto hay que contar con unas habilidades específicas. En caso de que tu equipo no cuente con las que hemos mencionado aquí, puedes ayudarlos a desarrollarlas o fortalecerlas.

5

35 Trabajos reales desde casa

HAY UNA PLANTILLA DE TRABAJOS/TAREAS que hacer para ganar dinero desde casa. La lista se creó con la intención de ofrecer la mayor cantidad de información posible. Lo que puede parecer una locura para ti puede funcionar muy bien para otra persona. Cada tipo de trabajo está ordenado para brindarle una lista de la A a la Z de las oportunidades disponibles para ganar dinero.

Luego, se define cada tipo de trabajo, se explican las funciones, se ofrece cualquier otra información pertinente y, lo más importante, algunos según lo que esté disponible para cada posibilidad, junto con una descripción de lo que esa entidad está buscando.

Hay varios enlaces publicados para cada tipo de trabajo porque diferentes entidades están buscando trabajo desde la asistencia a domicilio y en diferentes horarios. De esta

manera, tendrás muchas opciones para ayudarte en tu
búsqueda.

La comercialización del afiliado

Estoy bastante seguro de que has oído hablar de la
comercialización del afiliado, pero no has entendido
completamente cómo funciona, cómo la gente hace dinero
de ella, y más en general lo que es la comercialización del
afiliado.

En una definición muy reducida, sucinta y corta, el
marketing de afiliación es un modelo de negocio de marketing en el que sus clientes y/o lectores se convierten en sus
vendedores.

¿Cómo es eso? Hoy, vamos a cubrir todas las preguntas que
tu tienes acerca de la comercialización del afiliado.

¿Qué es el marketing afiliado?

El marketing afiliado es una forma de marketing de pago
por rendimiento en la que un afiliado vende artículos en
nombre de un comerciante a un precio o porcentaje acordado de la venta.

. . .

Es una gran forma de publicidad para las tiendas de comercio electrónico, ya que los fondos sólo se intercambian después de que una venta se completa, pero funciona para todos los modelos de negocio por ahí.

Mientras tengas un producto para vender, o puedas encontrar un producto para promocionar, puedes participar en el marketing afiliado.

Lo que hace que esta forma de marketing destaque es que beneficia a todos los involucrados. En cuanto a los clientes, puedan encontrar productos que podrían no haber encontrado por sí mismos y obtener el respaldo de alguien en quien (presumiblemente) confían.

Mientras que en el lado de la comercialización, el comerciante, y la red (más sobre esto más adelante), todo el mundo disfruta de una parte de la venta.

81% de las marcas tienen un programa de afiliados.

Y eso no parece que vaya a disminuir pronto. Los ingresos del marketing afiliado han aumentado casi un 23% interanual desde el segundo trimestre de 2017.

. . .

A veces conocido como un programa de socios, los programas de marketing de afiliación vienen en todos los tamaños y formas para adaptarse a los muchos negocios a los que están vinculados.

Servicios de Arte y Creativos

Es un profesional de la imagen que, a diferencia del artista plástico, no sólo utiliza materiales susceptibles a ser moldeados, sino que además crea propuestas multidisciplinarias para expresar su perspectiva y visión del mundo basado en experiencias e investigaciones.

El artista visual materializa ideas, comunica, experimenta, comparte, reflexiona, interpreta, lee y produce imágenes.

Todo esto lo hace a través de:

- Arte urbano
- Arte cinético
- Fotografía
- Videoarte
- Escultura digital
- Performance
- Arte electrónico

• Arte interactivo

Conocer el discurso de algún artista visual puede cambiar tu perspectiva acerca del mundo: Comer, vestir, trabajar, estudiar, son aspectos de tu cotidiano que se pueden ver influenciados después de la experiencia adquirida al ver una obra de arte.

Los artistas son espejos, que por medio de su obra visual crean en ti reflexiones sobre diversos temas.

Es cierto que no todas las obras que generan los artistas pueden tener algún contenido reflexivo, también pueden producir arte con fines decorativos para rehabilitar y armonizar un lugar, sin embargo, mayormente los artistas suelen compartir sus reflexiones a través de sus obras.

Podemos encontrar su trabajo en exposiciones de arte, museos, galerías, plataformas digitales, entre otros.

Bloguear

Un blog es un sitio web o una página web que se actualiza periódicamente, normalmente dirigido por un individuo o un pequeño grupo, que está escrito en un estilo informal o conversacional. Los sitios web de blogs suelen estar orientados a un solo tema. Compartir información con el mundo a través de un sitio web o una página web es algo hermoso. Entonces, ¿cómo se gana dinero escribiendo en un blog?

- Monetización a través de anuncios CPC (costo por clic) o CPM (costo por mil impresiones) colocados estratégicamente en el sitio donde se encuentra el blog.
- Usar la plataforma de blogs para ser un afiliado e incluir enlaces de afiliados en el sitio web. Esta única forma de utilizar el marketing de afiliación para ganar dinero, como discutimos anteriormente
- Venta de productos digitales para una comisión o marcado.
- Venta de membresías a varias organizaciones por comisión. Por ejemplo, podrías escribir un artículo que pueda vincularse a AARP. Cuando el lector compra una membresía de AARP, el bloguero recibe algún tipo de comisión por esa venta.

Crear un blog en un sitio web, establecer seguidores y luego ganar dinero como bloguero es una inversión de tiempo y dinero. Un bloguero exitoso necesitaría tratar sus blogs como un negocio de inicio en lugar de un pasatiempo o una empresa secundaria para ver algo de dinero real.

Comenzar como escritor de un blog es simple.

. . .

1. Elija un nombre de blog. Escoge algo que representa tu marca. Podrías también querer asegurarse de que puedes obtener el .com de tu nombre elegido.

2. Pon tu blog en línea. Registra tu blog a través de cualquier sitio web o sitio creador de blogs. Algunos lugares en los que podría comenzar incluyen Wix.com, WordPress y Blogger. Puedes utilizar fácilmente estos sitios para personalizar su apariencia.

3. Escribe y publica tu primer post. Debes tener una audiencia clara en mente que coincida con tu marca y el tema sobre el que deseas escribir. También diría que debes limitar tus temas a un enfoque específico.

La mayoría de los lectores se sentirán atraídos por tu blog porque están buscando una publicación determinada sobre un tema en particular. Tus lectores deben saber qué esperar.

4. Publica regularmente y con frecuencia Deberás publicar a la misma hora todos los días si puedes. La programación de publicaciones puede ayudar con esto: Trata de pensar en convertirte en un experto en el tema elegido. Esta es una forma de ganar seguidores.

· · ·

5. Promociona tu blog. Utiliza todas las redes sociales que puedas imaginar para anunciar las publicaciones de tu blog. Por supuesto, no querrás que las conversaciones sean siempre solo sobre ti y tu blog. Tienes que pensar creativamente sobre el tipo de publicaciones que tus lectores querrán ver y también interactuar en las publicaciones de otros.

Revisor de libros

Si te encanta leer, esta puede ser una oportunidad para ganar dinero. No te traerá un ingreso de tiempo completo, pero puede permitirte tener acceso a libros gratis y ganar un poco de dinero desde casa.

Una reseña de un libro es una evaluación imparcial y honesta de un libro. Puede ser tan simple como dar una calificación de estrellas a un ensayo de varios párrafos.

Debido a que este libro trata sobre cómo ganar dinero desde casa, los únicos tipos de enlaces que se ofrecen aquí para puestos de reseñas de libros son los que vienen con una compensación. Hay varias oportunidades más de reseñas de libros disponibles, pero sus recompensas no son monetarias. Simplemente brindan la gloria de obtener un libro gratis o poder publicar tu reseña en su sitio.

Agente de chat

. . .

El servicio de chat es una forma de soporte sincrónico, donde los clientes pueden obtener asistencia en tiempo real a través de herramientas de conversación como aplicaciones de mensajería o chatbots.

El objetivo del servicio al cliente vía chat es brindar respuestas rápidas y precisas para aumentar la satisfacción del cliente.

Es importante mencionar que en la atención a clientes vía chat, la persona puede interactuar con un agente humano o con soluciones impulsadas por la inteligencia artificial.

También se puede hacer vía chat en vivo. La atención a clientes vía chat en vivo se refiere al soporte en tiempo real, basado en sesiones y ofrecido sincrónicamente para usuarios que navegan por tu sitio web o aplicación. En general, las conversaciones tienen lugar entre dos personas: el cliente y el agente.

El servicio al cliente vía chat puede ser proactivo o reactivo.

El servicio al cliente vía chat en vivo proactivo es aquella en la que aparece una ventana de conversación en tu pantalla con un mensaje que te pregunta si necesitas ayuda. Haces clic y luego eres transferido a un agente humano que interactuará contigo en tiempo real.

A su turno, el servicio al cliente vía chat en vivo reactivo es aquella en la que los usuarios inician la conversación cuando necesitan asistencia.

Muchos sitios de empresas incluyen un botón, generalmente en la parte inferior derecha de la página web, donde las personas pueden hacer clic para conectarse con un agente.

El servicio al cliente vía chat puede ser muy ventajoso.

1. Para ofrecer respuestas más rápidas

Según un estudio, las personas esperan un máximo de 35 segundos para recibir una respuesta a su consulta a través del chat. Esto significa que la expectativa de los clientes para este canal es de agilidad.

La buena noticia es que el servicio al cliente vía chat permite tiempos de espera más bajos porque un agente puede hablar con varias personas al instante, diferente del servicio por teléfono o por correo electrónico, donde los representantes solo contestan una solicitud a la vez, lo que genera colas de espera y retrasos.

. . .

2. Para generar conversaciones contextuales

De acuerdo con un Informe de Tendencias 2020, más del 40% de los clientes opina que repetir la misma información varias veces es uno de los aspectos más frustrantes de una experiencia de mala calidad.

Cuando se integra adecuadamente a una base de conocimientos, el servicio al cliente vía chat puede convertir los datos en conocimiento útil y brindar asistencia contextual.

3. Para satisfacer impulsar las ventas

Según una investigación sobre el servicio al cliente vía chat, el 44% de los encuestados afirma que tener un agente disponible para responder sus preguntas durante el proceso de compra es una de las características esenciales que una empresa puede ofrecer en su sitio web.

De hecho, los datos de la investigación revelan que el 59% de los clientes tiene más probabilidades de realizar una compra cuando sus consultas se resuelven en menos de un minuto.

En otras palabras, ofrecer servicio al cliente vía chat puede ser una oportunidad para alentar a los visitantes de tu sitio web a completar una compra y, por lo tanto, aumentar tus ingresos.

. . .

4. Para aumentar la satisfacción del cliente.

Un estudio reveló que el servicio al cliente vía chat es responsable de satisfacer al 85% de las personas que buscan ayuda de una empresa.

Esto significa que 8 de cada 10 personas que se comunican con tu equipo de soporte para resolver un problema u obtener información están contentas con el resultado de la interacción al usar el servicio al cliente vía chat.

Por lo tanto, si quieres aumentar tus cifras de satisfacción al cliente, este es el momento de considerar brindar atención vía chat.

Los agentes de chat pueden trabajar de forma remota o en un entorno de oficina estándar y, por lo general, se requiere que tengan experiencia en atención al cliente.

El puesto de agente de chat requerirá que el candidato tenga cierto nivel de experiencia en participación del cliente, habilidades de mecanografía, acceso a una computadora e Internet.

. . .

Las habilidades de comunicación son cruciales porque ese es el enfoque completo del trabajo. También deberá poder pensar rápidamente, realizar múltiples tareas, mantener varias conversaciones a la vez, resolver problemas y proporcionar los requisitos de equipo físico.

Representante de Servicio al Cliente

Un representante de servicio al cliente es la persona que se encarga de proporcionar a los usuarios información y soporte con relación a los productos o servicios que la empresa en la que trabaja comercializa. Además, es quien se encarga de canalizar las quejas, reclamos y sugerencias.

Por lo regular, la gestión de servicio al cliente se realiza vía telefónica, pero también el proceso se puede gestionar por correo electrónico, redes sociales, portales de internet o de manera personal, en la tienda o punto de servicio al cliente.

Un representante de servicio al cliente normalmente tiene las siguientes responsabilidades:

Maneja conflictos. El encargado o responsable de esta área tiene el deber de recibir todas las quejas, sugerencias o reclamos de los clientes, registrarlas y canalizar las. En algunos casos, su labor puede extenderse a subsanar el daño causado por la empresa, en caso de que haya evidencias o causas perfectamente definidas. Es clave que al finalizar cada contacto el cliente esté satisfecho con la atención brindada.

Asistencia en ventas. Un representante de servicio al cliente puede informar sobre los productos y servicios de la empresa, aunque no pertenezca al área de ventas. Por ejemplo: si un cliente llama porque tiene dudas acerca de un producto o servicio, el representante puede dar los detalles u ofrecer uno nuevo, de acuerdo a su necesidad.

El hecho de estar en contacto directo con un cliente permite enormes posibilidades para motivar las ventas cruzadas o realizar recomendaciones sobre promociones o nuevos productos o servicios.

Gestiona tareas generales. Una persona que ocupe este puesto puede resolver también tareas administrativas como responder llamadas y correos electrónicos, transferirlas en caso de ser necesario o servir de intermediario entre el equipo técnico y el cliente.

Un representante de servicio al cliente asume un amplio tipo de responsabilidades y la definición específica del tipo de responsabilidades dependerá del rubro al cual se dedique la organización.

. . .

Si tu eres una persona sociable con buenas habilidades de comunicación, mecanografía, resolución de problemas y el entorno familiar adecuado con el equipo físico adecuado, este puede ser un buen trabajo para ti. La mayoría de estos trabajos requerirán algún tipo de oficina en el hogar que permita un espacio de trabajo tranquilo, diferentes tipos de equipos y diferentes niveles de velocidad de Internet y software.

Debido a que estos trabajos están estructurados de manera muy similar a un trabajo de 'oficina' o un trabajo de 'centro de llamadas', ofrecerán y requerirán horarios estructurados, salarios fijos y algunas veces beneficios.

Subtítulos

Los subtítulos son las palabras que ves en la parte inferior de la pantalla cuando estás viendo un video, programa, película o cualquier otro archivo audiovisual.

Las personas que hacen crecer estas palabras de la forma hablada a la forma escrita son los subtituladores.

Por lo general, el proceso de creación de subtítulos ocultos es el siguiente. Las personas están hablando (película, espectáculo, conferencia, etc.), se hace una transcripción donde las palabras habladas se traducen en un "guión".

Luego, el guión se compara con el audiovisual para que las palabras que se dicen vayan al compás de las palabras que se están pronunciando que se muestra en la parte inferior de la pantalla, eso es subtitular.

Hay dos tipos de subtítulos: en tiempo real y fuera de línea. Los subtítulos en tiempo real involucran programación en vivo. El subtitulador crea los subtítulos para todo tipo de programación en vivo, como transmisiones de noticias o eventos deportivos. Los subtítulos en tiempo real implican una gran cantidad de velocidad y precisión, y la mayoría de las empresas de subtítulos requerirán que tengas la educación, las habilidades y la experiencia adecuadas para trabajar para ellos.

Los subtítulos sin conexión implican una programación pregrabada.

El subtitulador a menudo creará o usará un guión para hacer coincidir las palabras que se imprimen con las palabras que se hablan.

Consultor

. . .

¿Ya eres un experto en algo? No importa cuál sea el campo o la especialidad, si tienes una gran cantidad de conocimientos sobre cualquier materia o tema, entonces es un experto y puede ser llamado para ser un consultor.

Si tu eres un consejero autorizado, un gurú de productos de belleza, un aficionado al tejido, un maestro de kung fu, un extraordinario peluquero de perros o un pez gordo de recursos humanos con años de experiencia y conocimiento, tú eres un experto en un campo específico.

Utilice lo que ya tienes a tu favor y llamate consultor.

¿Cuál es el papel del consultor?

El objetivo de una consultoría, independientemente del área de actuación, es ayudar al cliente en un asunto que no tiene suficiente conocimiento para resolverlo por sí mismo.

Este cliente puede ser una empresa o una persona física, lo que lo define es la búsqueda de alguien con autoridad en algún nicho de interés para dar respuesta a sus necesidades.

El proceso puede ser hecho por un profesional o un equipo compuesto por varios consultores especializados en el ramo, lo que es común encontrar en grandes empresas que brindan asesorías o consultorías.

El papel del consultor es amplio, pero éstas son algunas de sus principales funciones:

- diagnosticar problemas o aspectos que pueden ser optimizados;
- definir las soluciones y mejoras que deben realizarse;
- establecer metas;
- trazar caminos para alcanzar los resultados.

Un consultor debe tener algunas características para llevar a cabo un buen trabajo.

Sin ellas, es difícil responder a las demandas exigidas por el trabajo y convertirse en una referencia profesional en el área.

1. Saber escuchar

Un consultor es un experto en su área, tiene mucha experiencia, conoce a la perfección las herramientas y el segmento en el que se desenvuelve, sin embargo, cada negocio es un mundo distinto, y enfrenta problemas muy diferentes.

. . .

2. Ser coherente

El consultor trata con personas diariamente, por lo que necesitas tener una buena comunicación para transmitir tu conocimiento y orientar a los clientes de la mejor manera posible.

3. Tener visión macro y sistémica

Muchas veces un consultor es contratado para resolver un problema específico. Sin embargo, al comenzar el trabajo te enfrentas a varias otras cuestiones que interfieren en el objetivo final del cliente.

Si no tienes una visión amplia, corres el riesgo de trabajar de manera superficial, ignorando aspectos importantes.

4. Conocer tus límites

Es importante recordar que el consultor es alguien con autoridad en su nicho, pero eso no significa que lo sabe todo y no puede tener dudas o dificultades.

Por eso, es fundamental que sepas hasta dónde puedes llegar y cuándo tienes que pedir ayuda o rechazar un trabajo.

5. Involucrar a todos en un proyecto

En el caso de ser 1 consultoría con más de un cliente, el

consultor necesita tener la sensibilidad necesaria para incluir a todos los involucrados en el proceso.

6. Saber adaptarte al tiempo determinado

Una de las cosas a las que el cliente suele dar más valor es el tiempo de duración de una consultoría. Quien contrata este tipo de servicio, suele tener prisa para ver resuelto su dolor.

7. Compartir los logros con quien se lo merece

Cuando un cliente contrata a un consultor, está buscando un conocimiento específico que no tiene y no está dispuesto o con tiempo suficiente para obtenerlo por su cuenta. Sin embargo, el proceso solo ocurre si existe la colaboración de todos los involucrados.

8. Tener conocimientos específicos

El profesional que desea destacarse en el mercado necesita buscar conocimientos particulares, que sean exactamente la solución que su nicho busca.

9. Identificar oportunidades

Quien trabaja con consultoría no puede esperar que los clientes llamen a su puerta. Es necesario tener ambición y buscar las mejores oportunidades de trabajo.

· · ·

10. Ser creativo

Quien trabaja con consultoría se enfrenta a varias situaciones diferentes que, por consiguiente, necesitan enfoques únicos y personalizados.

11. Generar confianza

Generar confianza es uno de los objetivos más importantes que un consultor debe de lograr, y no es una tarea simple pues son necesarios mucho esfuerzo y dedicación.

Por último, recuerda que una vez que hayas definido quién eres y qué sabes, puedes transmitir tus habilidades al mundo a través de un sitio web, un mercado en línea, un blog, las redes sociales, internet y construir una clientela. Una vez más, ser consultor es generalmente un puesto en el que te gustaría tratar tu experiencia como la mina de oro que es y crear tu propio negocio en lugar de fragmentar tu valioso tiempo libre.

Entrada de datos

Un empleado de ingreso de datos es un miembro del personal empleado para ingresar o actualizar datos en un sistema informático. La mayoría de estos puestos se consideran de nivel de entrada y se les ofrece un salario acorde con un puesto de nivel de entrada. Los requisitos básicos serán tener algunas habilidades de lectura, escritura y mecanografía.

Edición y revisión

Un diccionario de origen americano tiene tres definiciones para la palabra editar. De las tres definiciones, cada una comienza con dos palabras: preparar, ensamblar y alterar. Entonces, un editor prepara un texto para su publicación reuniendo palabras que han sido escritas y luego modificadas. La corrección de pruebas es "la lectura de una prueba de galera o una copia electrónica de una publicación para encontrar y corregir errores de producción".

¿Cuál es la diferencia entre corrección y edición? La revisión se centra en los errores de estilo en la escritura, como la gramática, la puntuación, la ortografía y la sintaxis. La edición incluye todos los pasos de la revisión y, al mismo tiempo, realiza cambios en una obra de arte o comunicación escrita para que sea más fácil de entender.

Los editores se ocupan del aspecto comercial de la edición de una publicación. Seleccionan, revisan, ordenan y preparan el material antes de su impresión o publicación.

Trabajan en la edición de libros o de periódicos, revistas y publicaciones periódicas, incluidas las versiones en línea.

. . .

Los editores trabajan en la edición de libros dedican gran parte de su tiempo a leer y valorar los manuscritos. Seleccionan los más adecuados y luego encargan a los autores que los escriban. Siguen de cerca el progreso de la obra del autor para que se cumplan los plazos de entrega.

Los editores que trabajan para periódicos o revistas pueden ser responsables de toda la publicación o de una sección particular, como las páginas de deportes.

Deciden qué artículos se incluirán y cómo se van a maquetar. Según la publicación, también pueden examinar y seleccionar propuestas o nuevas ideas de artículos de escritores freelance.

Los editores de algunos periódicos y revistas también pueden escribir por sí mismos algunos artículos, por ejemplo el artículo de apertura, o editorial.

En las publicaciones extensas, puede haber editores especializados, por ejemplo maquetadores, directores editoriales responsables de encargar trabajos externos y directores de producción.

. . .

Los editores también administran presupuestos y contratan personal. Por lo general supervisan el trabajo de los redactores o correctores de estilo, que se encargan de revisar la obra escrita para verificar errores de precisión, ortografía y gramática (o la editorial puede tener su propio corrector de pruebas), la conformidad con el libro de estilo de la empresa, y localizar posibles problemas legales.

Comercio Electrónico

Comercio electrónico es el modelo de negocios basado en las transacciones de productos y servicios en los medios electrónicos, ya sea en las redes sociales o en los sitios web.

El comercio electrónico está creciendo a pasos agigantados en diferentes rincones del mundo, y América Latina es un muy buen ejemplo de ello.

Al cerrar 2019, la expansión de las ventas a través de canales digitales podría aumentar en un 15.7% en la región, con respecto a las cifras de 2018, de acuerdo a estadísticas del Índice Mundial de Comercio Electrónico.

Por medio de la internet, los clientes pueden acceder a diversas marcas, productos y servicios en todo momento, en cualquier lugar.

. . .

La relevancia de este tipo de comercio es tal que los negocios lo toman como parte de la estrategia de ventas gracias a su eficiencia.

Los establecimientos ya cuentan con páginas web y crean perfiles en redes sociales para conseguir llegar a un mayor rango de público.

Vender y comprar ya es una tarea sencilla propiciada, desde luego, por la tecnología, como los dispositivos móviles con acceso a la red.

Básicamente, se trata de los procesos de venta y compra de productos y servicios a través de canales electrónicos, especialmente webs de Internet, aplicaciones y redes sociales.

¿Qué tipos de comercio electrónico existen?

Este método de comercialización está tan desarrollado en la actualidad que cuenta con diferentes tipos de e-commerces y campos de acción específicos.

1. E-commerce B2B

Este es el comercio electrónico que se realiza de negocio a negocio, es decir, Business to Business (B2B).

Su enfoque no está directamente relacionado con el consumidor final, sino con proveedores, minoristas y otros intermediarios.

2. E-commerce B2C

Ahora hablamos del Business to Consumer (B2C) o, en español, del negocio al consumidor.

Como usuarios finales, este es con el que interactuamos cuando solicitamos un producto o servicio en una de nuestras tiendas virtuales favoritas.

3. E-commerce C2C

C2C significa Consumer to Consumer (consumidor a consumidor).

Esto quiere decir que este tipo no es más que la migración al ámbito digital de las ventas de garaje, los mercados vecinales o, simplemente, de la comercialización directa entre dos o más particulares.

4. E-commerce G2C

Cuando nos referimos a las siglas G2C, hablamos del gobierno al consumidor (Government to Consumer).

Abarca todas aquellas transacciones, compras y pagos que un ciudadano puede realizar ante sistemas en línea del Estado.

5. E-Commerce C2C

El comercio electrónico de consumidor a consumidor (C2C) implica una transacción en línea entre dos consumidores. La plataforma eBay sería un buen ejemplo de dos consumidores que realizan una transacción de comercio electrónico C2C.

6. E-Commerce B2A

De empresa a administración (B2A) se refiere al comercio electrónico que tiene lugar entre una empresa y una entidad administrativa pública.

Por ejemplo, en cualquier momento un negocio. tiene que registrarse en una entidad federal o estatal para procesar los impuestos de sus empleados.

7. E-Commerce C2A

Consumidor a administración (C2A) es el proceso de comercio electrónico que involucra a un consumidor y una organización administrativa pública. Por ejemplo, cuando una persona presenta sus impuestos individuales ante el IRS.

Soporte de correo electrónico

El soporte por correo electrónico es una forma de comunicación que permite que un cliente y un representante comercial se comuniquen para resolver las preguntas, los desafíos y las inquietudes de los clientes sin que ambas partes tengan que estar presentes en la conversación al mismo tiempo. Para personas que sobresalen en servicio al cliente pero no quiere o no puede estar en el teléfono, esta es otra alternativa para poner en práctica estas habilidades. Los trabajos orientados al servicio al cliente que requieren hablar con los clientes por teléfono también tienden a tener requisitos de equipo físico más estrictos y extensos.

El soporte por correo electrónico no se realiza en vivo, por lo que los estándares del equipo tienden a ser un poco más fáciles.

Moderador

En el sentido en línea, un moderador promueve interacciones en foros, responde preguntas a medida que surgen, actualiza el sitio web o bloguea con preguntas de participantes y miembros. El moderador también puede monitorear las cuentas de redes sociales de la empresa o el sitio web, cómo las redes que ya conocemos, para reaccionar y responder a comentarios, publicaciones, tableros de mensajes y chats. Esta posición es complementaria a un administrador de redes sociales, ya que algunas de las tareas pueden superponerse.

Música

Si eres músico y eres bueno en lo que haces, puedes encontrar muchas formas de ganarte la vida practicando tu oficio. Puede que no consigas el próximo gran contrato discográfico, pero ciertamente usas tu talento a tu favor.

Aquí hay algunas sugerencias generales sobre cómo ganar dinero con la música.

- Crea una verdadera base de fans y aférrate a ellos. Estas son las personas que te seguirán donde quiera que vayas, comprarán toda tu música y tu mercancía. Encuentra un público objetivo y asegúrate de que tu estrategia de marketing musical esté enfocada en ellos.
- Dirige tu tráfico. Dondequiera que estén tus redes sociales, asegúrate de que haya un enlace fácil que dirija a las personas a tus sitios de

música también, de esa manera, no perderás seguidores potenciales.

- La publicidad sigue siendo importante. El hecho de que tengas la voz de un ángel no significa que se escuche mágicamente en medio de todo el ruido de Internet. Anúnciate y atraerlos a ti.

- Los pedidos anticipados son cruciales. Cree y mantén una huella mucho más grande centrándote en el conocimiento de la marca, la preparación y la marca.

- La recaudación de fondos no se puede olvidar. Necesitas fondos para seguir adelante. Intenta visitar un sitio de recaudación de fondos y modela lo que han hecho los artistas más exitosos.

- Las ventas de MP3 siguen siendo una buena fuente de ventas.

- No te olvides de los CD. Algunos fanáticos aún querrán esa copia impresa después del espectáculo.

- El comercialización de tu marca les da a los fans una parte de ti para que se la queden con ellos, monopolízala.

Algunas plataformas donde los músicos pueden ganar dinero real por lo que hacen incluyen: la plataforma donde se suben millones de vídeos al día. También podrías considerar habilitar una habitación en tu casa como estudio de grabación. No solo podías grabar tus propios éxitos y producir un álbum, sino que también podías alquilar el espacio a otros músicos que necesitaban grabar.

También podrías convertirte en compositor de videojuegos o escribir música de fondo para creadores de videos. Los influencers necesitan música única, y puedes licenciarles tus creaciones para que las usen en su canal.

Las compañías independientes de videojuegos también necesitan siempre partituras originales para sus videojuegos. Estos podrían registrarse en casa en tu computadora y tramitarse en línea.

Si eres bueno escribiendo jingles, asociate con una empresa de mercadotecnia local o con un estudio de producción de publicidad. También puedes encontrar grupos comunitarios que actúan para eventos especiales o bares y restaurantes para asociarse. Si bien esta opción no funciona exactamente "desde casa", está en tu propio horario y en tus propios términos.

Póquer en línea

Jugar al póquer en línea para obtener sonrisas y risas es completamente aceptable y legal en los 50 estados de Estados Unidos. Jugar al póquer en línea por dinero es otro asunto. Técnicamente es un juego de azar, que es técnicamente ilegal en la mayoría de los lugares. Por ahora, solo es legal en Delaware, Nueva Jersey, Nevada y Pensilvania. Por lo tanto, para aquellos que quieran probar su habilidad y suerte jugando al póquer para ganar dinero, deberán ir a un sitio de póquer en el extranjero para mantenerlo legal.

Podcasts

Es posible ganar dinero con un podcast exitoso. Tomará tiempo, esfuerzo, dedicación, disciplina, estrategia y cierta cantidad de inversión. Esta no es una oportunidad para ganar dinero rápido o un cheque de pago inmediato. Más bien, esta es una oportunidad de trabajo desde casa que debe tratarse más como su propio negocio donde vería resultados más adelante.

Esta es otra ruta para establecerse como un experto en un tema o como alguien a quien la gente busca para un determinado nicho. Considera la posibilidad de elaborar tu podcast en torno a una sola área de especialización. Un podcast, un blog, las redes sociales y un canal en internet pueden trabajar en conjunto para crear una experiencia de marca que te genere dinero real.

Este enfoque es similar al trabajo de un blogger o un influencer en el sentido de que existen algunas rutas comunes para monetizar un podcast:

Marketing de afiliados: recomienda productos y

servicios a tu audiencia que les gustarán. El podcaster obtiene ingresos de esta ruta al ganar una comisión del proveedor de productos o servicios cuyos productos recomendó y vendió.

Patrocinio: después de que haya cierto éxito con el marketing de afiliación, podrás obtener una lista de patrocinadores para ayudar a financiar tu podcast.

Coaching: una vez que tengas una audiencia que te conozca, confíe en ti y te recomiende, podrás vender tus servicios de coaching. Ver "consultoría" que cubrimos anteriormente en este libro.

Cursos/Lecciones: Con el tiempo, comenzarás a identificar las preguntas recurrentes que deben abordarse en las sesiones de entrenamiento. Estas preguntas se pueden convertir en un curso. Tú conocimiento puede convertirte en dólares. Podrías vender estos cursos en línea para obtener más ganancias.

Ventas de productos: Por último, crea un producto o servicio que ayude a tus estudiantes/audiencia a resolver los problemas que los llevaron a tu podcast para que los ayudaran.

. . .

Venta de mercadería: considera vender camisetas, tazas, bolsos de mano y alfombrillas de ratón con algo relacionado con tu marca, como tu eslogan, logotipo o una "broma interna" creada mientras interactúas con tu audiencia que tus fieles seguidores entenderán.

Programación

Dado que la programación de computadoras es una serie de tareas laborales que casi siempre se realizan en una computadora, en línea, entonces es uno de los trabajos ideales para hacer desde casa. Necesitarás una cierta aptitud técnica y un nivel de educación para poder conseguir un trabajo como este.

Algunos de los títulos de trabajo incluidos en la programación de computadoras incluyen:

- Desarrollador de aplicaciones de software.
- Desarrollador web e Ingeniero en sistemas informáticos.
- Administrador de base de datos.
- Analista de sistemas informáticos.
- Ingeniero de aseguramiento de la calidad del software.
- Analista de inteligencia de negocios.
- Programador informático.
- Administrador de sistemas de red.

Estas son oportunidades bien remuneradas para aquellas personas que tienen el conjunto de habilidades y la educación adecuados para poder realizar las tareas laborales.

Siendo realistas, si ya tienes la educación y las habilidades requeridas para este tipo de trabajos, entonces probablemente ya sepa dónde y cómo encontrar el trabajo. Para aquellas personas que tienen una mentalidad muy tecnológica y están pensando en dar un paso hacia la educación, recuerden que hay literalmente miles de estos puestos de trabajo para las personas debidamente calificadas.

Una vez que tengas el conocimiento y las habilidades, puedes emplearte de forma remota de por vida, lo cual es definitivamente una ventaja si se tiene en cuenta que nuestro mundo entero se está volviendo cada vez más centrado en la tecnología cada día. La seguridad laboral es crucial, y no encontrarás un trabajo mucho más seguro que estos.

Telemedicina

Todas las áreas de nuestras vidas están siendo influenciadas e impulsadas por la tecnología, incluso la medicina. La afluencia de las telecomunicaciones y la tecnología en constante evolución ha permitido que más profesionales médicos puedan trabajar de forma remota.

$\cdot \quad \cdot \quad \cdot$

Donde antes los médicos y los pacientes tenían que encontrarse cara a cara para cada problema, ahora hay una nueva práctica en el lugar: la telemedicina.

La telemedicina permite que los trabajadores de la salud se reúnan con los pacientes de forma remota, analicen los síntomas, los problemas médicos, reciban un diagnóstico, conozcan las opciones de tratamiento y más. Obviamente, debe tener la educación y la experiencia necesarias para ejercer la medicina para poder realizar este tipo de trabajo. En ese sentido, estas empresas también emplean trabajadores técnicos para mantener su plataforma funcionando sin problemas, ajustadores de seguros y, a veces, especialistas en tomas, programadores de citas, representantes de servicio al cliente, expertos en facturación médica y transcriptores.

Investigación y verificación de hechos

Un investigador en línea es alguien que puede realizar investigaciones en Internet para recopilar y analizar datos de una multitud de fuentes para presentarlos a sus clientes de una manera que sea fácil de entender. Un buen investigador es aquel que puede cavar debajo de la superficie para encontrar los hechos de fuentes creíbles con información precisa haciendo buenas preguntas, teniendo mucha paciencia y un amor general por el conocimiento.

. . .

La mayor parte del trabajo de investigación en línea se realiza de forma independiente o por contrato.

Algunos trabajos de investigación en línea desde casa son de nivel básico y no requieren experiencia previa en investigación; sin embargo, algunas oportunidades mejor pagadas que son específicas de la industria pueden necesitar educación formal o al menos experiencia formal para aterrizar.

Por ejemplo, un investigador de la corte debería tener alguna experiencia en el trabajo legal, o un experto en nutrición podría necesitar demostrar una educación en nutrición o un tema relacionado.

Herramientas para realizar una investigación en línea:

A continuación, tenemos para ti las mejores herramientas que te ayudarán a cuidar la calidad en tu investigación online:

Focus group en línea

Un focus group es un método de recolección de datos donde los investigadores reúnen a un grupo de 6 a 10 participantes, que con ayuda de un moderador, realizan un debate sobre sus opiniones y percepciones sobre una marca, como los precios de sus productos, calidad, empaque, nombre, etc.

. . .

Actualmente, este proceso de recolección de datos es posible realizarlo a través de diferentes herramientas online de videoconferencia o chats online, es decir, que las personas no necesariamente deben encontrarse en el mismo lugar para participar en el debate.

Entrevistas a profundidad

Las entrevistas a profundidad son otra herramienta para realizar una investigación en línea y recolectar información a detalle de los participantes.

Con esta herramienta, los investigadores recolectan una gran cantidad de datos cualitativos y encuentran elementos relevantes que de otra forma no podrían conseguir, y así, tomen mejores decisiones para el negocio.

Comunidades en línea

Las comunidades en línea son utilizadas por las organizaciones para realizar una investigación en línea, ya que es un proceso completo, que fomenta la participación de los consumidores y el acercamiento entre las marcas para asegurar su éxito.

. . .

Encuestas en línea

Las encuestas en línea son el método sumamente popular para realizar una investigación en línea, ya que permiten que las organizaciones realicen un proceso de recolección de datos eficiente, profesional, en el que se obtienen datos de calidad.

Cuando cuentas con el software adecuado, puedes aprovechar de las diferentes funciones, tipos de preguntas, herramientas para el análisis de datos y tomar mejores decisiones para tu negocio.

Escritor de currículum

Tener un currículum adecuado que destaque quién eres tu y cuáles son tus habilidades y cualidades más valiosas puede marcar la diferencia para obtener el trabajo que te mereces. Para cualquiera que tenga dificultades para crear el currículum perfecto, existen servicios de redacción de currículums disponibles. Un redactor de currículums será quien traduzca su asombro en la palabra escrita para el empleo ideal.

Crítico

. . .

Sí, a la gente realmente se le paga por revisar libros, productos, servicios y sitios web. No, no es fraudulento si está dando una reseña precisa y honesta del libro, producto, servicio o sitio web. Las personas a las que se les paga por dar estas reseñas están siendo compensadas por su tiempo con la expectativa de que sean honestas y factual.

Si bien hay muchas empresas que pagan por revisiones fraudulentas y de alta calificación para aumentar su presencia en línea, también hay otras que le pagarán con efectivo, tarjetas de regalo o un producto. Si eres un bloguero, alguien influyente en las redes sociales o una estrella de internet, entonces tienes acceso a muchas más oportunidades de reseñas pagadas.

Evaluador de motores de búsqueda

Un evaluador de motores de búsqueda es una persona contratada por empresas que necesitan humanos para verificar los resultados de búsqueda. Esta persona ayuda a garantizar que las búsquedas en Internet arrojen resultados relevantes, precisos y completos de las búsquedas realizadas en los motores de búsqueda.

La mayoría de estos puestos son por contrato o independientes. La mayoría de las empresas buscan personas que tengan un título. La mayoría de las entidades contratantes prefieren que el candidato sea bilingüe y al menos domine el inglés.

Influenciador en las redes sociales

¿Eres un fanático de las redes sociales? ¿Pasas mucho tiempo revisando tus redes sociales y conectándote con otros en tus redes sociales? Bueno, tal vez consideres aumentar esa pasión por las redes sociales en una forma de hacer algo extra de dinero o convertirlo en una carrera.

De manera similar a los blogs o los podcasts, hay algunas formas de convertir a tus seguidores y todas esas horas que pasas en las redes sociales en una ganancia. Lo único a tener en cuenta es que deberá tratarse como un negocio, y será necesario invertir tiempo, dinero y esfuerzo.

Básicamente, puedes usar cualquier plataforma que elijas para:

- Crear una base de seguidores y una red. Utiliza la plataforma para publicar anuncios de monetización.
- Encuentra un nicho y conviértete en un experto en un tema.
- Usa esa experiencia para entrenar a otros sobre el tema.

- Toma esa experiencia de entrenamiento para enseñar a otros en un curso que se puede comercializar y vender.

No es fácil. Tienes que crear seguidores, desarrollar experiencia, invertir tiempo y dinero, no rendirte y estar en esto a largo plazo. Has tu investigación y sepa cuál es la realidad de lo que estás tratando de hacer antes de pensar que serás la próxima estrella de internet de la noche a la mañana que ganará un millón al año.

Otro giro en la idea de un influencer en las redes sociales es un administrador de redes sociales. Esta posición básicamente monitorearía y administraría cuentas de redes sociales para una empresa. Necesitaría conocer las últimas tendencias, cómo aprovechar al máximo los hashtags y qué le interesa al cliente/público objetivo de la empresa. Se esperara que administres la cuenta de redes sociales, de modo que la empresa pueda ganar seguidores que se conviertan en clientes y, al mismo tiempo, apaciguar a los clientes actuales.

Los trabajos de administrador de redes sociales que se pueden realizar de forma remota generalmente se encuentran en sitios web de trabajo. Una capacitación realmente buena para los administradores de redes sociales sería con una capacitación de certificación u obtener un certificado en administración de redes sociales de una escuela de capacitación en línea.

. . .

Enseñando

Entre las profesiones de ayuda, los maestros pueden ser los más vitales para nuestra sociedad y, desafortunadamente, algunos de los menos apreciados y menospreciados. Si tienes un título, certificación o un conjunto de habilidades o conocimientos para compartir con el mundo, házlo. Todos te necesitamos.

Calificadores de prueba

Los evaluadores de pruebas también se denominan lectores/evaluadores, y su trabajo es calificar las respuestas de los estudiantes en los exámenes. Los exámenes pueden cubrir materias tales como artes del lenguaje, matemáticas, ciencias o una variedad de otros temas. Suelen ser contratados por contrato, de manera temporal durante ciertas épocas pico del año.

Transcripción

Si tu eres un mecanógrafo talentoso, es posible que desees ver el trabajo de transcripción.

. . .

Un transcriptor es una persona que toma archivos de audio, documentos escritos a mano u otras comunicaciones y los convierte en formato de texto escribiendo lo que oye o ve.

Debido a que el proceso de convertir la palabra hablada en texto es extremadamente rápido, la mayoría de los transcriptores se capacitan y utilizan la ayuda de un pedal para poder escribir y revisar el archivo de audio al mismo tiempo.

Traducción

Un traductor en línea toma material escrito o hablado de un idioma y utilizas tu comprensión competente de ambos idiomas para traducirlo a otro idioma. Estas personas tienen una gran demanda, ya que personas de todo el mundo pueden interactuar a través de Internet y necesitan poder comunicarse claramente, a pesar de las barreras del idioma o del dialecto.

Agente de viajes

Un buen agente de viajes podrá ayudarte a descubrir cualquier parte del mundo que desee explorar. El papel de un agente de viajes es ayudar al viajero a planificar tu viaje. Ayudan a organizar el transporte, el alojamiento, la admisión a actividades de entretenimiento para individuos y grupos, hacen sugerencias para cenar y, en general, se aseguran de que el viaje del viajero sea tranquilo y exitoso.

Hay dos tipos de trabajos de agente de viajes. Un tipo es donde trabajas desde casa y creas tu propia franquicia, y el pago es todo comisión. La otra es una función más tradicional de trabajo desde casa en la que trabaja de forma remota para una empresa, ganando un salario base más una comisión, algunas veces con beneficios.

Editor de video

Un editor de video está involucrado en la producción de video y la postproducción de la realización de películas.

Las responsabilidades del editor de video implican decisiones sobre la selección y la combinación de tomas en secuencias, así como la adición de efectos de sonido y música para, en última instancia, crear una película, un programa de televisión, un comercial, una promoción o una toma final.

Un editor de video debe tener conocimientos de producción de medios, software de operación de computadora y hardware y debe tener una gran atención a los detalles. El consumo de videos en línea continúa aumentando cada año a pasos agigantados. Eso significa que un trabajo o carrera en edición de video puede ser económicamente solvente y estable.

Muchos de los trabajos de edición de video remotos que encontré estaban ubicados en una página en línea, un mercado en línea para trabajadores independientes. La página tenía oportunidades para todos los niveles de habilidad, desde el principiante hasta el profesional más calificado.

Debido a que los videos se usan ampliamente para marketing, ventas, demostración, interacción y muchas otras funciones, los trabajos disponibles para la edición de videos son para una variedad de industrias y tipos de empresas.

Asistente virtual

Un asistente virtual es alguien que brinda servicios administrativos, como servicio al cliente, ingreso de datos, envío de correos electrónicos, programación y varias otras tareas a los clientes fuera de la oficina del cliente. Algunas habilidades y calificaciones que son necesarias para un asistente virtual exitoso son servicio al cliente excepcional, informática, administración, uso de Internet y marketing.

Los mercados de trabajo en línea, suelen tener este tipo de puestos vacantes, con una variedad de términos de contrato y trabajo independiente. Algunas de las oportunidades pueden estar limitadas a unos pocos días, un solo conjunto de tareas o ser a más largo plazo con más compromiso de ambas partes.

Pruebas de sitios web y aplicaciones

Los creadores de sitios web y aplicaciones deben saber cómo funcionará cuando se use en el mundo real. Por lo tanto, ofrecen a los usuarios la oportunidad de probar sus sitios web y aplicaciones con algún tipo de compensación por su tiempo.

Si bien no es algo que puedas convertir en un ingreso de tiempo completo, te ayudará a ganar algo de dinero extra y es algo que puedes hacer en tu propio tiempo, a tu propio ritmo, con un mínimo de equipo. Debido a que cada sitio ofrece una cantidad limitada de pago y oportunidades limitadas, es útil inscribirse en tantos sitios como sea posible.

Escritura

Si la comunicación a través de la palabra escrita es tu fuerte, consulta algunos de los sitios para esto. Los sitios de escritura que no requieren mucha experiencia son buenos para principiantes y también ofrecen pagos para principiantes, a veces ofreciendo tan solo menos de dos centavos por palabra.

Al igual que cualquier otra industria, cuanto más educado y técnico seas, mayor será tu salario y tus beneficios.

Creador de contenido de la plataforma de videos más grande del mundo

Hay muchas personas que quieren convertirse en una estrella de internet de la noche a la mañana y lanzarse a la riqueza y la fama instantáneas.

Es un poco más difícil que eso e implica mucho más trabajo de lo que la gente cree.

La siguiente información proviene directamente de la plataforma y detalla cómo puedes crear un canal en ella y trabajar para generar ingresos que puedas obtener desde tu hogar. La Academia de creadores de vídeos y contenido lo reduce a tres pasos:

1. Crear una audiencia comprometida. Tu contenido puede ser increíble, pero debes tener gente que lo vea para comenzar a pensar en monetizar tu canal. Por lo tanto, asegúrate de conectarte y crear una comunidad de personas que sintonicen tu canal para llevar tus números a donde deben estar. Recuento de suscripciones, minutos de tiempo

de visualización e interacciones como comentarios y me gusta/no me gusta hacen o deshacen tu canal.

2. Únete al Programa de Socios de la plataforma. Después de que tu canal haya estado activo durante 12 meses, ten 1,000 suscriptores y 4,000 horas de reproducción, serás elegible para monetizar tu canal al poder publicar anuncios en tus videos.

3. Gana dinero con anuncios y otras opciones. Los anuncios son la fuente de ingresos más importante de un canal de internet exitoso.

Asegúrate de crear contenido atractivo que siga siendo apto para anunciantes, ya que algunos anunciantes utilizarán herramientas de orientación para llegar a ciertos grupos demográficos objetivo. Deberías considerar hacer tu canal sobre un género o una especialidad. Realmente no deberías mezclar diferentes categorías de videos en un canal. Por ejemplo, si eres un canal ASMR, es posible que tu audiencia no esté necesariamente interesada en que también juegues Minecraft o publiques un vlog de tus vacaciones.

Otras fuentes de ingresos de un canal de está plataforma pueden ser de:

- Membresías del canal
- Ventas de mercancías
- Asociaciones de marketing de afiliación

- Ser cliente premium

Es posible crear una fuente de ingresos a partir de un canal de internet exitoso. Eso no quiere decir que sea fácil. Se necesitarán inversiones en tiempo para investigar, tiempo para crear contenido, dinero para obtener el equipo de grabación adecuado, esfuerzo para hacer videos y habrá muchos desafíos en el camino.

Esta oportunidad de trabajar desde casa es como un negocio de inicio y debe ser visto. como tal y tratado de esa manera.

Tendrás que investigar mucho las estrategias de marketing, como seleccionar las palabras clave, los hashtags, las descripciones de video y los títulos adecuados para que el algoritmo de internet recoja tu video.

Aprender a crear una uña del pulgar efectiva es como crear la portada de un libro; la mayoría de las personas juzgarán su contenido a partir de esa primera mirada superficial de 2 segundos mientras se desplazan por el feed de videos sugeridos.

Hay volúmenes completos de libros dedicados a administrar y hacer crecer un canal de internet exitoso.

. . .

En este libro, dado que el tema no se dedica únicamente a este trabajo en particular desde casa, te alentaría a investigar más si este es un trabajo que te interesa.

Además, no solo se espera que un creador de contenido sea competente en la gestión de tus videos y canales, sino que también debe ser excelente en el dominio de las redes sociales. Descubrirás que la mayoría de los creadores de contenido exitosos también administran una página de redes sociales relacionados con la marca de su canal. Esto también puede extenderse a la transmisión de pods, blogs e incluso escribir un libro electrónico, todo en nombre de su marca.

Este trabajo se trata mucho más de marketing, gestión de marca y redes sociales que de producir contenido de video. Sí, tus videos deben ser entretenidos, informativos y/o atractivos, pero también deben conectarte verdaderamente con tu público (también conocido como tu "cliente") Nuevamente, hay muchos textos sobre cómo hacer esto de manera efectiva.

6

Otras ideas de negocios basados en el hogar

TRABAJAR desde casa no tiene por qué significar estar atado a un dispositivo electrónico muchas horas al día. La realidad es que a veces lo hace, pero existen algunas posibilidades de ingresos remotos que le permiten ganar dinero desde casa sin estar en una computadora o el teléfono. Aún necesitarás interactuar con la tecnología de alguna manera, ya que la mayoría de las entidades usan aplicaciones para conectarse con sus trabajadores. Todo depende de lo que puedas hacer, de lo que estés dispuesto a hacer, de los recursos que tengas o no tengas y de lo que puedas hacer con lo que tienes.

Estos trabajos te permitirán tener tu base de operaciones como tu hogar en vez de ir a una oficina. La mayoría de las veces, podrá elegir la frecuencia y la constancia con las que desea trabajar.

Estos puestos pueden ofrecer un poco más de flexibilidad y libertad, en mi opinión, que la mayoría de los otros trabajos desde el hogar.

. . .

Algunas de estas opciones son:

- Recolector de datos
- Entrega
- Agricultor/mercado de pulgas
- Comprador misterioso
- Alojamiento y cuidado de mascotas
- Alquilando tu espacio
- Viaje compartido
- Colector de datos

Recolector de datos: un colector de datos suena exactamente como lo que es, alguien que recopila datos.

Por lo general, la entidad contratante te asignará una tarea para recopilar información de una tienda minorista.

En la tienda, se espera que obtengas datos sobre precios, estanterías, disponibilidad y otras variables, registres esta información y luego envíes.

Necesitarás suficiente computadora y conocimientos tecnológicos para poder usar cualquier aplicación que se utilice y una computadora para comunicarse y transmitir datos.

. . .

Entrega o compras: ya sea que estés entregando, llevando comestibles, una pizza o una botella de vino, los trabajos de entrega son básicamente los mismos. El repartidor (tu) recoge un artículo de un restaurante o tienda y lo entrega al cliente. Estos trabajos te permiten elegir cuándo trabajas, dónde entrega y con qué frecuencia trabajas. A diferencia de un trabajo de entrega regular en el que debes comprometerte con un horario, estos roles te permitirán algo de la misma autonomía y libertad que otras oportunidades de trabajo desde el hogar.

Las diferentes aplicaciones tienen diferentes requisitos para ti y tu vehículo de entrega, pero básicamente todas son iguales: inicia sesión en la aplicación, realiza las entregas y recibe el pago una vez por semana.

Puesto de mercado de agricultores o mercado de pulgas: si tienes un pequeño jardín en tu casa y deseas vender el exceso de productos, puedes llevarlo a tu mercado de agricultores local para obtener un ingreso adicional.

Los mercados de agricultores también tienen productos a la venta, mermeladas, jaleas, productos hechos en casa y otros artículos varios.

Ubica un mercado de agricultores cerca de ti, ve a verlo en persona, encuentra a la persona con la que trabajarás para llevar tu producto al mercado y comienza desde allí.

. . .

El mismo concepto se aplica al escenario del mercado de pulgas. Cualquier producto, material, ropa, artesanía, etc, que tengas en casa y quieras convertir en efectivo, prueba un mercado local al aire libre (pulgas).

Comprador misterioso: Un "Mystery Shopper" o comprador misterioso es un consumidor pagado que ingresa a una tienda, establecimiento, negocio o donde sea que se le asigne para recopilar información sobre su experiencia con esa entidad. Su misión es entrar, observar, interactuar e informar.

Por ejemplo, hice un concierto de comprador misterioso hace un tiempo. Fui contratado por la Compañía A para investigar el desempeño de todos sus agentes de arrendamiento de apartamentos.

Para este trabajo, tuve que hacer llamadas grabadas a cada una de las propiedades de los departamentos. Estaba calificando cada llamada en una lista de criterios como "¿Respondieron con su nombre de pila y el nombre de la propiedad?" y así. Luego, fui en persona a estas mismas propiedades e hice lo mismo en persona.

Cada empresa que contrata a compradores misteriosos tendrá diferentes calificadores, tareas y cosas que buscar según la asignación, el marco de tiempo y el cliente.

. . .

Alojamiento y cuidado de mascotas: ¿Tienes una vibra de amor recíproco con los animales? Conviértelo en algo de dinero cuidando las mascotas de otras personas. Las tareas que podría hacer podrían ser sacar a pasear al perro, cuidar al gato mientras no está, alimentar al animal o bañar a una mascota. La mayoría de los sitios están orientados hacia los perros, ya que parecen necesitar un cuidado más intenso, personalizado y constante.

Pasear mascotas, alojar, cuidar mascotas, visitar mascotas sin cita previa, cuidar a las mascotas y acicalarlas son algunas de las tareas que puede realizar para ganar dinero desde casa. Todos estos servicios se han convertido en oportunidades de hacer dinero para los amantes de los animales.

Alquilar tu espacio: Hace mucho tiempo que las pensiones iniciaron la moda de alquilar el espacio personal como una forma de ganar dinero. Esta tendencia continúa hoy, de muchas maneras. Ya sea que tengas un vehículo recreativo para alquilar, un dormitorio adicional, un garaje, un espacio de oficina o simplemente un espacio de estacionamiento afuera, hay una manera de alquilarlo a alguien que necesite usarlo. Deberás interactuar con un sitio web o una aplicación para ser examinado (verificado) y conocer/atraer a tu clientela. El trabajo real involucrado consistirá en mantener y limpiar el espacio y en interactuar con las personas que alquilan su espacio.

. . .

Viaje compartido: El taxi moderno es el concepto de viaje compartido. En caso de que no hayas oído hablar de las aplicaciones de coches, así es como funciona. Alguien inicia sesión en una aplicación de viaje compartido para solicitar un viaje del lugar A al lugar B. Tu, el conductor, también estás conectado a esa aplicación, recoges a esa persona, la dejas en su destino y luego recibe el pago a través de la aplicación. Si tienes un vehículo más nuevo, una licencia de conducir válida, seguro de vehículo, disfrutas conducir y tienes una personalidad que te permitirá tratar con personas de todos los estratos en una variedad de escenarios, entonces esta podría ser una empresa rentable para tú.

Este tipo de trabajo no es para todos, pero puedes proporcionar otra fuente de ingresos que no implique ir a una oficina o tener que cumplir con un horario diferente al que creas para ti.

Hay otras compañías de viajes compartidos disponibles, pero son más un servicio de viaje compartido de pago por viaje y solo están disponibles en ciertas ciudades. Consulta algunos de estos otros sitios para ver si puedes usarlos en tu área.

7

12 consejos para mejorar tu productividad de home office y los efectos negativos de la computadora

PARA ESTE CAPÍTULO primero comenzaremos explicando qué es la productividad. La noción más importante que debe estar en la cabeza de cualquiera que quiera ser productivo es que la eficiencia es diferente a la prisa. La persona productiva no es la que trabaja a 100 caballos de fuerza todo el tiempo. Tampoco es el que puede pegar la actividad que está haciendo con la siguiente. Optimizar es diferente. Es estructurar las tareas de tal manera que se realicen siguiendo una jerarquía de prioridad, disponibilidad y disposición. Así, naturalmente, se llevarán a cabo de la mejor manera posible, respetando los límites del profesional y atendiendo las demandas más importantes.

La conclusión de esta reflexión es interesante: la productividad tiene mucho más que ver con la planificación que con la ejecución real de las actividades.

Ser productivo es saber organizar tus responsabilidades y tener la disciplina para seguir lo establecido.

. . .

Cuando cambias el enfoque de tu trabajo a esta nueva visión, se vuelve mucho más fácil ver oportunidades para mejorar tu desempeño tanto en tu rutina personal como en tu carrera.

Sabemos que trabajar desde casa requiere una dosis extra de disciplina y concentración. Los hijos, mascotas, el quehacer de la casa, todo se encuentra en un mismo lugar y para ello es importante aprender a tener orden y organización para poder tener el mejor desempeño en nuestro trabajo. A continuación, te presentaré 12 consejos para que puedas conseguir ese objetivo.

1. Elige un ambiente de trabajo

Una de las ventajas de trabajar desde casa es que no tienes que preocuparte por el tráfico, horarios de transporte o incluso hasta la ropa que te vas a poner. Esto era parte del estrés diario que estábamos acostumbrados.

Pero eso no quiere decir que no tengamos un lugar específico para realiza nuestro trabajo.

Es importante designar un lugar de tu casa, el que tú quieras y sea más cómodo ya que pasarás mucho tiempo ahí. Así, acostumbrarás a tu mente y cuerpo a identificar ese espacio como antes lo hacías con la oficina.

Elige de preferencia un lugar iluminado, amplio y en el que puedas tener privacidad. Como si estuvieras en una oficina, necesitas todos los elementos que usabas en tu día a día, así que prepara todo lo que necesites. Sea cual sea tu entorno de trabajo, aclárales a las personas que viven contigo que estás trabajando y no pueden entrar en la habitación todo el tiempo.

2. Prepara un ambiente de trabajo confortable

Tu silla, sillón, banco o lo que uses para trabajar tiene que ser cómodo y que te permita tener la posición correcta para trabajar, con los pies en el suelo. ¡No trabajes acostado! Este puede ser el peor enemigo para tu desempeño en el trabajo además de que te causa dolor en el cuello. Lo importante es que encuentres una postura cómoda, que te permita trabajar y no te genere distracción.

3. Establece una rutina

Es importante que establezcas tus horarios, ya que tendrás tiempos más flexibles que antes no tenías.

Una vez que empiezas a trabajar, establece las horas y tiempos de descanso para que no trabajes de más y al igual no trabajes de menos, esto nos llevar al siguiente punto.

.   .   .

Este punto no es tan sencillo por lo que te daré unos pasos a seguir:

1. Conócete a ti mismo y decide el tipo de rutina que quieres crear: para crear una rutina exitosa es importante conocernos a nosotros mismos y nuestras preferencias. ¿Eres un madrugador o un ave nocturna? ¿En qué momento del día tienes más energía?

¿Cuándo eres más productivo? Necesitamos conocer nuestros ritmos naturales y el nivel de energía durante el día y aprovechar esto para diseñar, alrededor de ellos, nuestra rutina.

2. Encuentra tu motivación y el "por qué": ¿Por qué el tener una rutina es importante para mí?, ¿Cuál es mi motivo para comenzar o por qué estoy tratando de crear una rutina? ¿Cuáles son mis metas y prioridades y qué es lo que tengo qué hacer? Para seguir una rutina y estar motivados, necesitamos un propósito claro.

3. Determina qué quieres hacer o lograr: Escribe todo lo que debes hacer todos los días. No te preocupes por tener una lista organizada, simplemente concéntrate en hacerla. Si no puedes recordarlo todo, dedícate a escribir todos los días, durante una semana todas las tareas que realizas y el tiempo que lleva hacerlas. Incluye todas las tareas que funcionan bien para ti o que ya haces y las que debes agregar a tu rutina.

. . .

4. Estructura tu día y ejecuta: Ahora que tienes tu lista de tareas, conoces tu ritmo natural y tienes tu motivación, organízalas y determina el momento del día en que puedas realizarlas: mañana, tarde o noche. Una vez determines tu rutina ideal, escoge 1, 2 o 3 hábitos o tareas que sean importantes para ti y comienza a implementarlos. Comienza a dar pasos pequeños, así evitarás rendirte porque algo es demasiado "difícil".

Tener una rutina puede traer muchos beneficios, pero es importante crear y diseñar una con la que nos sintamos satisfechos y que funcione para nosotros.

Ahora, sigamos con los consejos…

4. Planifica tu horario una noche antes

¿Por qué en la noche? Muchas personas prefieren organizarlo en la mañana, esto genera que pasen tiempo de ese día organizándolo. Por esto, es mejor hacerlo en la noche, así tendrás todo el día organizado y con un buen ritmo desde el inicio.

5. Ten metas diarias

Al trabajar desde casa eres tú el que tiene la responsabilidad de supervisar que cumplas tus metas diarias. Para esto tener algunas anotadas, puede ayudar a que no las olvides y puedas asegurarte de que las cumplas. Puede ser de los más simple como contestar correos, hasta la videollamada con tu cliente.

6. Haz una lista de prioridades

Aunque todas las tareas sean importantes, hay que tener prioridades, hay algunas que pueden tener un plazo más largo para entregarlas y otras que no. Para esto nos ayudará mucho la lista, así podremos sacar las tareas urgentes y sin tener la presión todo el día.

7. Identifica tus momentos más productivos

Cada persona es diferente, por lo tanto, cada uno de nosotros tiene tiempos diferentes en los que se encuentra más concentrado que otros.

Identifica las horas en las que tu cuerpo y mente tiene mejor productividad para sacar la mayoría de las tareas que tienes en tu lista de actividades.

8. Haz una cosa a la vez

Contestar una llamada mientras tratas de escribir un correo electrónico, ¡no hagas esto! Solo distraerá tu atención de la llamada y a lo mejor se te van algunos errores en tu correo. Es mejor hacer una cosa a la vez para que tu cerebro esté totalmente enfocado en esa tarea y así la puedas terminar bien y más rápido.

9. Elimina las distracciones

Sabemos que las redes sociales y otras aplicaciones pueden generar una gran distracción en nuestro día a día.

A menos que sean parte de tus actividades, déjalas fuera de tu área de trabajo y solo consúltalas en tus tiempos de descanso, mientras despejas tu mente.

10. Utiliza aplicaciones para organizar tu día

Hoy en día podemos encontrar muchas aplicaciones para poder organizar nuestras tareas y agenda.

Esto nos podrá ayudar para poder ver nuestros horarios junto con nuestras tareas. Así, teniendo un mejor orden y percepción de nuestro día.

11. No olvides descansar

Es importante ser productivo en el trabajo, pero también es importante recargar energía. Para esto tenemos que descansar después de cumplir nuestros horarios y no sobrepasarnos, lo que nos lleva al último punto.

· · ·

12. Saber cuándo parar

Al no salir de nuestras casas, y tener los horarios más flexibles, es muy común que no nos percatemos del pasar de las horas, por eso es importante saber cuándo parar y dejar tiempo para ti. Tu cuerpo también necesita moverse, haz ejercicio, descansa, come un snack y pasa tiempo con tu familia.

Los efectos negativos de pasar mucho tiempo en la computadora o el celular

Los dispositivos electrónicos son parte de la vida de todos, pero ¿qué efectos negativos ocasiona el tiempo frente a una pantalla en adultos y niños?

Hoy en día, las pantallas son parte de la vida de todos. A pesar de que cada vez hay más pruebas que demuestran que pasar tiempo frente a una pantalla ocasiona efectos negativos en adultos y niños, su familia aún puede mejorar su salud al reducir la cantidad de tiempo que le dedican a esta actividad. Entérese tanto de los efectos negativos que ocasiona el hecho de pasar mucho tiempo frente a una pantalla como de consejos para ayudar a limitar el uso de los dispositivos electrónicos.

¿Cómo afecta a su salud el pasar tiempo frente a una pantalla?

. . .

Ya sea que la familia entera se dedique a estar mirando sus teléfonos inteligentes o si mantiene la televisión prendida sin estarla viendo, el hecho de pasar mucho tiempo frente a una pantalla puede ser dañino. A continuación, conocerás algunos de los efectos negativos relacionados con la salud que podrían ser ocasionados por pasar mucho tiempo frente a una pantalla.

Obesidad. Dedicar mucho tiempo a una actividad sedentaria, tal como jugar videojuegos o ver televisión, puede ser un factor de riesgo de la obesidad.

La salud cardíaca también se ve afectada y puede ocasionar un riesgo más alto de padecer diabetes, aumento de la presión arterial o del colesterol.

Problemas para dormir. La luz que emiten los dispositivos electrónicos interfiere con el ciclo de sueño del cerebro y puede impedir que logre dormir bien por la noche. Para dormir mejor, mantén las pantallas fuera de la habitación y evita usarlas al menos una hora antes de acostarte.

Dolor crónico de cuello y espalda. Pasar mucho tiempo frente a una pantalla puede ocasionar mala postura, lo cual podría causar dolor crónico de cuello, hombros y espalda. Así que mejor tomate unos pequeños recreos y descansa de estar sentado al ponerte un rato a caminar, pararte o estirarte. Asegúrate de que tu silla te aporte apoyo suficiente para la espalda e intenta mantener el dispositivo electrónico a la altura de los ojos.

Depresión y ansiedad. Todo el tiempo que se pasa frente a una pantalla puede afectar de manera negativa a su salud mental y bienestar emocional.

Expertos indican que podría haber un vínculo entre el pasar más tiempo frente a una pantalla y la depresión, así como también un aumento en comportamientos suicidas y una disminución de la capacidad de reconocer las emociones en general.

Consejos para reducir el tiempo frente a una pantalla

En realidad, tal vez no puedas limitarte a pasar solo unas cuantas horas al día frente a una pantalla, sin embargo, los siguientes consejos pueden ayudarte a reducir el tiempo que tu y tu familia le dedican a esta actividad.

· · ·

Pon el ejemplo y modela el uso saludable de los dispositivos electrónicos. Los padres son modelos a seguir para sus hijos. Por lo tanto, la próxima vez que hagas un maratón de tu serie favorita de Netflix, recuerda que le estás dando el ejemplo a tus hijos. Mantener la televisión prendida sin estarla viendo o ponerse a mirar su teléfono cuando tiene un momento libre tal vez no es modelar el comportamiento ejemplar que espera de sus hijos.

Designa un período de tiempo para desconectarse de los dispositivos. Designa un período de tiempo en que toda tu familia se desconectará del teléfono, la televisión y la computadora. Al estar todos de acuerdo con guardar sus dispositivos electrónicos, tu familia tendrá la oportunidad de pasar tiempo de calidad juntos.

Usa el control parental. Hay herramientas que puedes usar para filtrar o bloquear contenido no deseado.

De hecho, en los dispositivos electrónicos hasta puede establecer un límite diario para el tiempo frente a la pantalla, de esa manera, una vez que tus hijos alcancen el límite de tiempo establecido estos ya no podrán usar las aplicaciones.

Anima a tus hijos a hacer otras actividades. Hoy en día es fácil que los niños dependan de los dispositivos electrónicos para entretenerse. Por eso, en lugar de que usen los dispositivos electrónicos anímalos a participar en actividades que no requieren del uso de una pantalla, tales como jugar afuera, leer un libro o jugar un juego de mesa.

Mantén las habitaciones libres de pantallas. Quizás quieras considerar establecer una regla que prohíba los dispositivos electrónicos en las habitaciones.

Esto también incluye las tabletas y otros dispositivos portátiles que tus hijos podrían tener la tentación de usar por las noches y que, por lo tanto, podrían interferir con el sueño.

Entonces, en relación con estar frente a una pantalla, ¿cuál es la cantidad de tiempo ideal que debería dedicar a dicha actividad? Aunque parezca una pregunta sencilla, la cantidad "adecuada" a menudo depende del tipo de pantalla y la razón por la cual la persona la está mirando.

La Academia Estadounidense de Pediatría (AAP, por sus siglas en inglés) recomienda que los niños menores de 18 a 24 meses no pasen tiempo frente a una pantalla. A los niños mayores de 2 años se les debe limitar el tiempo que pasan frente a una pantalla a 1 a 2 horas por día. Los adultos también deben intentar limitar el tiempo que pasan frente a una pantalla fuera de sus horas de trabajo.

. . .

Ventajas y desventajas de la computadora

Las computadoras son los dispositivos programados diseñados para realizar el trabajo de cálculo de manera rápida y precisa. Estas son las máquinas que pueden realizar el trabajo manual con su proceso automatizado.

Incluso tiene capacidades para resolver problemas complejos y procesar datos de una manera simplificada.

Las computadoras pueden almacenar, recuperar y hacer muchos otros trabajos de nivel avanzado con el comando del usuario.

Generalmente, las computadoras están diseñadas y desarrolladas para ejecutar trabajos relacionados con el cálculo.

Pero ahora las computadoras personales modernas y más avanzadas son capaces de hacer muchas más cosas. De ahí que sea fundamental conocer las ventajas y desventajas de las computadoras.

. . .

Ventajas de la computadora

1. Seguridad de los datos

Las computadoras también pueden guardar datos como fotos, medios, aplicaciones y otros archivos que desee proteger. Puede utilizar el cifrado de datos o las funciones de gestión críticas que pueden proteger esos datos del uso no autorizado. En términos simples, puede usar la protección de bloqueo o pin para guardar sus archivos almacenados en la computadora.

2. Precisión

No solo son dispositivos rápidos y polivalentes, sino que también son precisos. En la mayoría de los casos, las computadoras proporcionan cálculos más precisos que la mente ordinaria. Desde problemas simples hasta complejos, puede esperar un cálculo de nivel máximo.

3. Multitarea

La multitarea es una de las ventajas más importantes de la computadora en estos días. Ya que pueden realizar diversas tareas que se les asignen con la ayuda de su operador. Una computadora puede reproducir la canción, navegar, jugar, enviar correo electrónico y almacenar archivos. También hay miles de otras cosas que una computadora puede hacer fácilmente.

· · ·

4. Productividad

Las tareas manuales toman el doble de tiempo y solo dan resultados limitados. Cuando implementa sus habilidades con los dispositivos informáticos, automáticamente puede duplicar su producción de trabajo. Por lo tanto, también es una ventaja fundamental de las computadoras, ya que aumentan la productividad.

5. Velocidad

Las computadoras son rápidas porque pueden calcular el cálculo en segundos. Y de ahí que sea una de las ventajas más significativas de utilizar dispositivos informáticos. Pueden ayudar a los humanos a obtener el resultado más rápido del cálculo y hacer un mejor uso de eso.

Con velocidad, puede ahorrar mucho tiempo que podemos invertir en otros trabajos esenciales para aumentar la eficiencia y la productividad.

6. Reducir la carga de trabajo

Si la persona hace todas las tareas por sí misma, entonces hay mayores posibilidades de que pueda duplicarlas. Pero se puede evitar ya que la computadora maneja todos los datos. Con varias características, se puede evitar. Por lo tanto, al utilizar estas funciones, puede ahorrar muchas horas y reducir la carga de trabajo.

7. Almacenamiento colosal

Ya hay una memoria incorporada que puede almacenar

los datos sin ningún problema. Y le permite usarlo siempre que lo necesite desde su ubicación almacenada.

Desventajas de la computadora

1. Incrementar el ciberdelito

Los delitos cibernéticos en línea significan publicar algunas cosas violentas y afectar la emoción de las personas, por lo que realizan alguna actividad violenta. También incluye el fraude y muchos otros delitos similares para dañar a las personas. Ahora la gente se enfrenta a muchas actividades y pierde el dinero que tanto le costó ganar. Por lo tanto, si usa dispositivos informáticos, debe mantenerse más consciente y consciente de tales amenazas.

2. Virus

Ahora los piratas informáticos están utilizando un virus para obtener acceso no autorizado a nuestras computadoras personales con fines ilegales. Puede bloquear el sistema y tomar algunos datos confidenciales de su dispositivo. Por lo tanto, es una desventaja crucial de una computadora que el usuario debe conocer.

3. Puede distraer a los estudiantes

La mayoría de los estudiantes compran computadoras y dispositivos portátiles para obtener ayuda con sus tareas escolares. Pero después de comprar, pasan horas viendo videos de internet, jugando y realizando otras actividades con fines de entretenimiento. Por tanto, no podemos ignorar esta desventaja de los ordenadores ya que la generación joven pierde muchas horas.

4. Costoso

Ahora los precios de las computadoras han bajado y la gente puede comprarlos. Pero aún así, muchas personas de bajos ingresos no pueden pagar estos dispositivos. Como sigue siendo costoso para ellos, incluso para la familia de clase media. Por lo tanto, el costo de la computadora también es una desventaja de las computadoras, y no todas las personas pueden comprar estos dispositivos.

5. Disminuir las oportunidades de empleo

Dado que las computadoras hacen el trabajo de muchas personas, ha reducido las oportunidades de empleo. Además, las personas que no sabían cómo usar una computadora perdieron sus trabajos y ahora luchan por encontrar trabajo. Ahora hay menos trabajo laboral que antes, y las computadoras están reduciendo las oportunidades laborales en muchos otros campos.

Pero también no podemos olvidar que a través de las computadoras muchas personas pueden trabajar desde cualquier lado del mundo, lo cual también es algo bueno, por lo que este punto puede ser un poco controversial para muchas personas.

. . .

6. Producir plástico y otros desechos

Las computadoras están hechas parcialmente de plástico y también de otros materiales. La mayoría de las computadoras portátiles y otros dispositivos utilizan material plástico duro, que es duradero y rentable. Sin embargo, cuando estos productos envejecen y no funcionan, se clasifican como desperdicios y las empresas hacen algo al siguiente nivel para que puedan utilizarse.

Durante este proceso, genera desechos que van a aumentar la carga sobre los recursos naturales.

Los dispositivos informáticos son esenciales para el mundo moderno ya que hacen muchas cosas de nuestra necesidad y agilizan el proceso. Pero aún así, la computadora tiene varias ventajas y desventajas para los humanos. Si ahorra tiempo, aumenta la productividad y brinda funcionalidad multitarea. Luego también aumenta los delitos cibernéticos, los desechos plásticos y varias plataformas de distracción.

Por lo tanto, depende de usted qué tan sabio sea y cómo use su computadora. Porque estos dos factores afectarán la cantidad de beneficios que puede obtener de la computadora.

8

¿Cómo mantener la comunicación en el teletrabajo?

PARA EVITAR la propagación de Covid-19, la mayoría de los países han implementado estrictas medidas de contención. Como consecuencia, las empresas se han visto forzadas a adoptar el teletrabajo. Muchas de ellas por primera vez. A pesar de que el trabajo en casa ha existido desde hace muchos años, eran pocas las empresas que de verdad lo estaban utilizando.

Sin embargo, ni los empleados ni jefes han sido preparados o entrenados para el teletrabajo. Una metodología que conlleva tiempo para adaptarse. Según el Reporte de Trabajo Remoto, los 5 retos más comunes de los teletrabajadores son:

- Desconectarse del trabajo
- Lidiar con la sensación de aislamiento
- Dificultades de organización/comunicación
- Evitar las distracciones de la casa

- Mantener la motivación

Si la empresa y los líderes no responden a estos desafíos de forma activa y consciente, el proceso de teletrabajo se complicará. Se ha encontrado que para evitar todo esto y lograr un teletrabajo efectivo es clave: mantener al equipo unido.

Y para lograrlo, la empresa necesita enfocarse en la comunicación y en lograr que sea abierta, ordenada y efectiva. Déjame contarte porqué.

Comunicación activa: clave para el teletrabajo

Un consultor y profesor de negocios de origen austriaco dijo hace más de cinco décadas que "el 60% de los problemas empresariales son consecuencia de una mala comunicación". La situación no ha cambiado mucho desde entonces: hoy solo el 28% de los empleados entiende la estrategia de su compañía.

A pesar de la abundancia de canales y tecnologías, existe una brecha de comunicación entre el personal y la gerencia. Y cuando una empresa pasa a hacer teletrabajo, esta brecha aumenta considerablemente. Es una situación compleja que afecta a todos:

- Los jefes no reciben lineamientos claros de la gerencia para medir el desempeño o gestionar la comunicación en el teletrabajo.
- Los empleados no saben cuáles son sus metas o los resultados a alcanzar. Lo que aumenta hasta en un 40% la probabilidad de errores, según una revista especializada en el mundo de los negocios y las finanzas, y reduce su motivación y productividad.
- La gerencia, por último, empieza a ver demoras en los procesos, bajos resultados e insatisfacción por parte de los clientes y el personal.

Claves para mantener la comunicación en el teletrabajo

Sé que la comunicación es clave para el éxito del teletrabajo y los procesos de transformación digital.

Por ello quiero compartir contigo los consejos que he aprendido en nuestro proceso para mantener una comunicación efectiva y tener un equipo unido. Veamos:

- Estar cerca del personal

Corren tiempos de mucha incertidumbre. Es muy probable que el personal pueda sentirse abrumado frente a las medidas de cuarentena tomadas en algunos países o por el remezón que ha sufrido la economía durante las últimas semanas.

Ayúdalos a sentirse calmados frente a lo que está sucediendo.

Este es el momento para mostrarte como un líder cercano y abierto. Háblale a tu personal con claridad y transparencia sobre los retos que afronta la empresa y de lo que se espera de cada uno para superarlos con éxito. Pregúntales cómo se sienten trabajando desde casa y brinda feedback constante.

- Descifrar el ADN de tu equipo

Entiende a tu equipo. Si son personas de edades diferentes, esto cambiará su relación con la tecnología. Habla con cada uno y llega a consensos con el equipo sobre el flujo de trabajo y los canales de comunicación que prefieren.

. . .

Empieza organizando cómo van a trabajar. Te recomendamos usar metodologías ágiles o una evaluación de metas. Puedes usar de forma gratuita algunas herramientas de colaboración que puedes encontrar en internet.

Luego debes aclarar el proceso de comunicación. Escoge los canales que van a utilizar, los tiempos de respuesta y la periodicidad con la que se va a reunir el equipo.

Pero estos no son más que herramientas. Lo ideal es que lo uses con una intencionalidad o un enfoque que sea tanto interesante como beneficioso para tu equipo.

- Cambiar la concepción de productividad

En el teletrabajo no hay lugar para el micromanagement.
Es un cambio de perspectiva que se debe dar de forma gradual, pero los jefes deben avanzar hacia una gestión de resultados.

Para ello es importante apoyarse en la tecnología. Los jefes pueden ahorrar tiempo y centrarse en lo que importa con un sistema que les ayude a alinear las metas de sus empleados y a seguir el cumplimiento de su desempeño.

9

Siete temas a considerar para implementar el trabajo a distancia

La contingencia por COVID-19 rompió algunos paradigmas respecto al trabajo a distancia o home office, particularmente los relativos al nivel de productividad esperado, el compromiso y los resultados. Asimismo, aceleró la adopción de herramientas digitales para colaborar de manera virtual con colegas, clientes, proveedores, e impulsó el desarrollo de nuevas competencias.

Este escenario implica cambios en algunos procesos de Recursos Humanos (RRHH.), el diseño de nuevos lineamientos, reglamentos y rutinas de trabajo, la adopción de metodologías, la mitigación de los riesgos asociados a este esquema y una transformación cultural.

En este contexto, el modelo de RR.HH. deberá detectar y entender los nuevos requerimientos del personal y definir lineamientos oportunamente. Por ello, abordamos 7 aspectos a considerar por las empresas que están evaluando mantener el esquema de trabajo a distancia.

1. Atracción, selección y contratación de talento

Si los profesionales de RR.HH. trabajarán a distancia, será necesario atraer al nuevo talento utilizando herramientas para entrevistas a distancia, brindándole una experiencia sobresaliente sin necesidad de la interacción presencial. Esto requerirá desarrollar las competencias técnicas y conductuales adecuadas en el equipo de RR.HH.

Adicionalmente, a los perfiles requeridos habrá que añadir, en su caso, las competencias propias del trabajo a distancia.

Resulta oportuno evaluar si es necesario incorporar una cláusula contractual que contemple la confidencialidad y uso correcto de la información a la que tendrá acceso la persona, así como el resguardo de activos de trabajo: equipo de cómputo, celulares, sillas ergonómicas, escritorios, entre otros.

En el caso del personal que ya labora en la empresa, puede ser necesaria la firma de un anexo al contrato vigente.

2. Capacitación y desarrollo

Será necesario reevaluar y actualizar las competencias

requeridas para los colaboradores que trabajarán a distancia de forma permanente o la mayor parte del tiempo. En este marco, resulta relevante considerar cómo migrar a un esquema de capacitación a distancia, y habilitar las herramientas tecnológicas para lograr el compromiso y el impacto esperado en el desarrollo de nuevas competencias.

3. Beneficios y prestaciones

La revisión y potencial rediseño de los paquetes de beneficios o prestaciones cobra relevancia considerando que algunos dejarán de ser atractivos en un esquema de trabajo a distancia, como el servicio de comedor, transporte, o el mismo home office, si en su momento fue un diferenciador. Sondear las expectativas y necesidades del personal será indispensable para el nuevo diseño de beneficios, que deberán evaluarse también desde la perspectiva fiscal y contable.

4. Asignación y uso de herramientas de trabajo

La identificación de necesidades específicas respecto a las herramientas de trabajo se convierte en una tarea a considerar y se deberán asignar de acuerdo con la naturaleza de cada actividad. En cuanto al control de activos, si en algún momento fuera necesario realizar un inventario físico, se tendrá que definir y comunicar el proceso, solicitar el consentimiento y realizarlo sin invadir la privacidad.

· · ·

Un elemento básico será definir un plan de capacitación – didáctico y memorable - para el correcto uso de herramientas colaborativas, plataformas digitales y políticas de seguridad de la información, y conocer las posibles sanciones en caso de violación o incumplimiento.

5. Gestión del desempeño

Un reto para los colaboradores y líderes será asegurar la productividad y mantener el compromiso con las metas de la organización. Por ello, las organizaciones deberán adaptar su forma de gestionar y supervisar el trabajo a distancia, conocer las expectativas y preocupaciones del personal respecto si hay cambios en sus planes de carrera o si el ritmo de su crecimiento se desacelerará derivado del cambio a este esquema de trabajo.

Otro aspecto relevante será no asumir que los líderes están preparados para gestionar el desempeño y evaluar si es necesario capacitarlos para este cambio a fin de que puedan brindar una mejor experiencia a sus colaboradores, estar cerca y cuidar al talento.

Si hubiera cambios en los objetivos estratégicos o en los niveles de demanda por parte de los clientes, podría ser necesario definir y comunicar métricas alineadas a los nuevos procesos e indicadores clave de desempeño (KPI), actualizando el sistema de gestión de estos y comunicando los cambios. Además, será necesario definir los criterios para obtener bonos de desempeño o compensación variable, promociones y aumentos.

6. Políticas y lineamientos

La definición de políticas, procesos y lineamientos del trabajo a distancia serán elementos clave para su correcto entendimiento y adopción.

En algunas ocasiones será necesario que el personal que trabaja a distancia asista al centro de trabajo a realizar actividades puntuales.

Contar con información y capacitación oportuna respecto a los protocolos, las medidas de prevención, logística y procedimientos, será de gran utilidad; por ejemplo, reservar el lugar de trabajo o salas de juntas para evitar aglomeraciones; agendar la cita para la revisión del equipo de cómputo, o conocer las modificaciones del reglamento interno de trabajo.

7. Conclusión de la relación laboral

Cuando se concluye la relación laboral, ya sea por decisión de la organización, del colaborador o debido a un lamentable deceso, será necesario definir el proceso a seguir, comunicando claramente los trámites administrativos, tiempos y contactos, incluyendo la entrega de los activos y documentos de la compañía. En especial, se deberán seguir los protocolos para evitar un posible impacto reputacional derivado de inconformidades o demandas. No menos importante será contar con lineamientos para una comunicación asertiva y empática con colegas y definir qué tipo de apoyo se dará en el caso de duelo.

Cuando se trata de puestos críticos para la continuidad de la operación, hay que buscar apoyo y preparar la sucesión, definiendo el método para la gestión del conocimiento y respaldo de información.

Finalmente, la empresa debe analizar qué tan preparada está como organización y si lo está su fuerza laboral para implantar de manera sostenible un esquema de trabajo a distancia. Si lo está, será capaz de continuar atrayendo talento nuevo y conservando el actual. Si determina que no está lo suficientemente preparada, deberá definir qué cambios implementará, cómo y cuándo, estableciendo prioridades en el marco de un plan gradual que tome en cuenta las expectativas del talento y su alineación con la capacidad de respuesta de la organización, siempre privilegiando la comunicación transparente y oportuna respecto a lo que puede y no puede cumplir.

10

¿Cómo manejar la ansiedad laboral?

¿QUÉ ES LA ANSIEDAD LABORAL?

La ansiedad laboral es una forma de angustia emocional asociada a un dolor real o anticipado en relación con tu trabajo. Muchas personas la experimentan y usan distintas tácticas para manejarla.

¿Cuáles son las causas de la ansiedad laboral?

Puedes experimentar ansiedad laboral en cualquier trabajo y ya sea trabajando desde casa o presencial y puede originarse por diversas causas:

- No cuentas con los recursos necesarios para llevar a cabo tu trabajo de manera eficaz.

- Te encuentras en un entorno de trabajo tóxico liderado por un jefe o compañero de trabajo abusivo.
- Estás subempleado y/o tu salario es insuficiente.
- No te agrada la industria en la que estás trabajando.
- Te sientes atrapado en el mismo trabajo y esto te produce ansiedad.
- Careces de las habilidades o los conocimientos necesarios para llevar a cabo tu trabajo de manera eficaz.

También puedes experimentar ansiedad en un trabajo nuevo. Esto podría deberse al miedo que tienes por cumplir las expectativas de un nuevo cargo o jefe. Lo desconocido puede resultar estresante, en especial si te sientes presionado a obtener resultados de manera rápida.

¿Cómo puedo saber si tengo ansiedad laboral?

La ansiedad laboral se expresa de manera diferente en cada persona. Pero aquí describimos algunos síntomas comunes:

- Sensación de temor, de que algo anda realmente mal o de que algo malo vaya a suceder.
- Obsesión con la rutina, que puede generar un control excesivo sobre tu espacio o tus tareas/responsabilidades.

- Atención intensa que puede tornarse repentinamente en una incapacidad para concentrarse y continuar con la tarea.
- Si has modificado tu comportamiento en el trabajo o presentas regularmente alguno de los síntomas mencionados, es posible que tengas ansiedad laboral.

¿Cuáles son algunos buenos consejos para manejar la ansiedad en el trabajo?

1. Identifica el origen de la ansiedad laboral

Comprender mejor tus circunstancias te ayudará a descifrar si puedes o no adaptarte. Mientras que algunos problemas laborales pueden manejarse, otros son tan importantes que cambiar de trabajo probablemente sea la mejor solución.

Si no te agrada la industria en la que estás trabajando, tu ansiedad laboral probablemente no desaparezca hasta que cambies el tipo de trabajo que haces.

Si una fuerza externa (como un jefe o un compañero de trabajo abusivo) es el origen de tu ansiedad laboral, probablemente no te sentirás mejor hasta que alguno de ustedes se retire del lugar de empleo. Según el lugar en el que trabajes, algunas compañías ofrecen Programas de asistencia al empleado y otros servicios que pueden ayudarte a manejar este tipo de dificultad.

· · ·

2. Organiza tu día de trabajo

Elabora una lista de tareas pendientes, con descansos, para organizar tus tareas laborales. Cuando completes algunas tareas, recompénsate. Este enfoque puede ayudar a motivarte para completar las tareas que evitarías hacer de otra forma.

3. Define un cronograma

Saber que tu ansiedad laboral no tiene que perdurar por siempre es una gran tranquilidad. Sé sincero contigo mismo acerca del tiempo que estás dispuesto a manejar tu ansiedad laboral antes de dar un paso más importante, como cambiar de trabajo.

4. Ejercítate

Intenta incluir entre 30 y 60 minutos de ejercicio en tu rutina diaria.

Esto puede ayudarte a aclarar tu mente y liberarte de los malos sentimientos asociados con la ansiedad laboral.

Considera la posibilidad de ir al gimnasio antes de trabajar. Si es necesario, ve después, o puedes salir a caminar, pasear en bicicleta o incluso bailar. Habla con tu médico antes de comenzar un nuevo programa de ejercicios.

. . .

5. Concéntrate en tus propias metas

Define lo que quieres lograr en tu profesión. Esto puede ayudar a minimizar los efectos de un entorno de trabajo tóxico. El entusiasmo por el futuro puede ayudarte a volver a concentrarte y los problemas que se presentan pueden ser solo molestias temporales en el camino hacia lograr una meta mejor y más importante.

Descifrar cómo manejar la ansiedad en el trabajo es un proceso muy diferente para cada uno. Comienza por identificar la causa de tu ansiedad laboral: ¿se debe a un trabajo en el que has estado mucho tiempo, o es ansiedad por un nuevo trabajo? Reducir las posibilidades puede ayudar a enfocarte en las posibles soluciones para manejar el estrés.

Si la ansiedad laboral tiene impacto en tu salud física o si tienes inquietudes relacionadas con tu salud mental, consulta siempre a tu médico o busca el tratamiento adecuado de un médico de salud del comportamiento calificado.

11

¿Qué es un modelo de trabajo híbrido y cómo hacer que funcione?

EN 2020, casi todos los equipos hablaban de trabajo remoto. Cómo hacerlo de manera eficaz, cuáles fueron los desafíos y si se ajustaba bien a ellos. En 2021, la conversación ha pasado a hablar del modelo híbrido. ¿Cómo pueden las organizaciones combinar trabajadores remotos con un componente en persona en sus espacios de oficina existentes ahora que la gente está comenzando a reunirse en persona nuevamente?

La gente se refiere mucho al modelo híbrido, pero no hay exactamente un ejemplo claramente definido. En última instancia, implica una combinación de trabajo de forma remota y desde una oficina. Hasta ahora, el modelo híbrido se ve diferente para cada organización, pero hay algunos temas claros.

· · ·

Independientemente de los detalles, sin embargo, las empresas que elijan incorporar un modelo híbrido enfrentarán algunos desafíos.

VARIACIONES DEL MODELO HÍBRIDO

Remoto primero

Muchos líderes están optando por ir primero a distancia, lo que significa que sus operaciones reflejarán de cerca las de una empresa completamente remota, con algunas excepciones. En particular, la mayoría mantendrá sus oficinas como espacio para que los empleados trabajen.

Algunos tampoco permitirán la misma flexibilidad para todos los empleados, lo que significa que pueden requerir que algunos empleados continúen viniendo a la oficina si su trabajo requiere su presencia física.

Remoto primero se verá ligeramente diferente para todos, pero el principio principal es que la empresa debe actuar como una empresa completamente remota con empleados distribuidos en zonas horarias y de forma predeterminada para la comunicación en línea.

Este enfoque significa que los empleados pueden trasladarse fuera de la oficina, pero que la empresa mantendrá su espacio de oficina para aquellos empleados que lo valoren. En particular, especificó que no trabajaría fuera de la oficina ni estaría allí más de una vez al mes y que el equipo de liderazgo tampoco estaría en la oficina.

Ten en cuenta que, al igual que el trabajo remoto completamente distribuido, el control remoto primero no significa que los compañeros de equipo nunca se vean entre sí. La mayoría de las empresas completamente remotas organizan algún tipo de retiro anual, y muchos empleados que viven en la misma ciudad en organizaciones remotas ocasionalmente pueden optar por trabajar juntos.

Oficina ocasional

Algunas empresas están ansiosas por volver a la oficina.

Tal vez no quieran perder dinero en el espacio de oficina no utilizado, o todavía no se venden en el trabajo remoto.

Estas empresas pueden establecer un modelo híbrido que se puede describir como oficina-ocasional.

La idea aquí es que los empleados vengan a la oficina varias veces a la semana. A diferencia de la configuración remota, en la que los espacios de oficina se utilizan exclusivamente para la colaboración, este modelo utiliza la oficina para combinar la colaboración en persona y el trabajo individual. Dependiendo de las necesidades de la empresa, esta puede ser una política bastante flexible (p. Ej., a los empleados se les indica que vayan a la oficina dos días a la semana de su elección), o podría haber pautas más firmes (p. Ej., Se espera que los empleados trabajen desde la oficina). oficina todos los lunes).

El núcleo de este modelo es que la empresa no se está volviendo completamente remota, primero como en el primer ejemplo. En cambio, optan por mantener una oficina y requieren que los empleados pasen algún tiempo en ella. Algunos empleados pueden incluso querer pasar más tiempo del requerido allí. Independientemente, la fuerza laboral será principalmente local en lugar de distribuida porque los empleados tienen que venir a la oficina de vez en cuando.

Aunque este modelo se encuentra idealmente en medio de primero remoto y primero en la oficina, se puede tirar fácilmente en cualquier dirección sin pautas claras. Por esa razón, es importante establecer las mejores prácticas para la comunicación desde el principio. El liderazgo también debe prestar mucha atención a las diferentes experiencias de los compañeros de equipo según la frecuencia y la regularidad con la que trabajan desde la oficina.

· · ·

Oficina primero – Remoto permitido

Otra opción es mantener tanto la oficina como el trabajo remoto, pero designar la oficina como el lugar principal para trabajar. Esta era una configuración común antes de COVID-19; las empresas tendrían un pequeño porcentaje de su fuerza laboral remota y el resto trabajaría desde un espacio de oficina principal. Este enfoque es particularmente común si todo el equipo de liderazgo está en la oficina. Es probable que el resto de la empresa se centre en la oficina de forma predeterminada, ya que el equipo de liderazgo generalmente tendrá conversaciones y colaboración en persona, excluyendo a los trabajadores remotos.

En este modelo, la empresa ofrece una política de trabajo remoto y puede tener algunos empleados dispersos, pero los que trabajan en la oficina y los que no se diferencian por las conexiones y oportunidades que la gente de la oficina obtiene al trabajar tan estrechamente con el liderazgo-equipo.

Otra forma de que esta configuración tome forma es si la mayor parte de los empleados trabaja desde la oficina, incluída la mayoría de un equipo específico. Por ejemplo, si la mayor parte del equipo de marketing está en la oficina, pero algunas personas eligen permanecer remotas, es muy probable que el resto del equipo de marketing tenga conversaciones sin ellos y forme relaciones más estrechas simplemente como resultado de trabajar juntos todos los días. . En general, el mayor escollo de este enfoque es que los trabajadores remotos pueden terminar sintiéndose como ciudadanos de segunda clase. También suelen tener menos oportunidades profesionales. Esa combinación es mala para el compromiso, la productividad y la retención de los empleados.

SUPERANDO LOS PROBLEMAS DEL MODELO HÍBRIDO

Un modelo híbrido puede parecer una solución fácil a los problemas actuales que enfrentan las empresas porque pueden mantener su espacio de oficina y al mismo tiempo dar cabida tanto a quienes prefieren el trabajo en persona como a quienes prefieren el trabajo remoto. Sin embargo, como ocurre con la mayoría de las cosas, la solución más sencilla no siempre es la mejor. El modelo híbrido puede parecer una solución fácil, pero no está exento de obstáculos que deben superarse.

Una gran parte de la ejecución exitosa de un modelo híbrido está determinada por dónde pasa el tiempo el equipo de liderazgo. Si el liderazgo de la empresa trabaja principalmente desde la oficina, es probable que otras personas también quieran trabajar desde la oficina. Este arreglo podría cambiar involuntariamente las cosas a una cultura de oficina primero si no fuera ya el caso.

12

Preguntas frecuentes sobre trabajar desde casa

Si nunca has trabajado de forma remota en ninguna capacidad, es posible que tengas muchas preguntas o inquietudes.

La siguiente lista de preguntas frecuentes no sigue ningún orden en particular:

¿Cómo sabe tu empleador cuando estás trabajando?

Si tu eres un trabajador remoto que está en los teléfonos o en cualquier otro puesto por horas, se te controla de alguna manera para asegurarse de que estés concentrado y trabajando actualmente.

Si tu trabajo es por tarea, como transcripción, redacción o marketing, entonces la única persona que necesita saber que estás trabajando eres tú porque la única persona a la que lastimas diciendo que estás trabajando y luego no lo haces eres tú.

¿Te distraes?

Absolutamente. Todos los días, todo el día, de muchas maneras. Para empezar, el desafío es evitar las distracciones. Crear un entorno donde ya no existan. Luego, desarrolla un método para lidiar con las distracciones rápida y firmemente.

¿Qué tipo de horas trabajas?

Eso depende de ti y de tu situación. Tengo pésimo Internet, por lo que no puedo trabajar en un trabajo de centro de llamadas remoto tradicional. Eso significa que hay veces que trabajo de 10 pm a 2 am, o trabajo de 9 am a 4 pm, depende de mí. Muchos trabajos, especialmente aquellos que involucran cualquier tipo de servicio al cliente, tendrán horarios muy estructurados y, en su mayor parte, se realizan durante el horario normal de trabajo.

¿Puedo realizar otras tareas no relacionadas con el trabajo mientras trabajo de forma remota?

Una vez más, esto es específico de la persona y la situación. Si estás siendo monitoreado por una cámara web e iniciaste sesión en un sistema para recibir llamadas todo el día, entonces no, no puedes hacerlo. Sería lo mismo que un entorno de oficina normal. Los descansos tendrían que ser contabilizados y tomados cuando sea apropiado. Para otros, como yo, puedes hacer lo que quieras, cuando quieras, pero ten cuidado de no dejar que todo el día se te escape con tareas no relacionadas con el trabajo.

¿Te sientes solo?

A veces pienso que echo de menos estar con muchas otras personas, y luego las rodeo y recuerdo el valor de mi propia compañía. Con toda seriedad, este es otro factor a tener en cuenta. Si eres extremadamente extrovertido y necesitas tiempo social, asegúrate de incluirlo en tu plan de trabajo. El cuidado personal es importante para tener éxito en cualquier cosa que haga.

¿Cuál es el mayor desafío cuando se trabaja desde casa?

El primer gran desafío es identificar y luego ubicar el trabajo. ¿Cuáles son sus habilidades, para qué estás calificado, puedes obtener suficiente Internet, qué equipo tienes, tienes el espacio adecuado, etc.?

Otro desafío es el equilibrio entre el trabajo y la vida. Cuando ambos tienen lugar en el mismo espacio, es muy fácil dejar que uno se haga cargo del otro.

¿Qué tan rápido está creciendo el trabajo remoto?

Exponencialmente, todos los días, la fuerza de trabajo

remota está creciendo. Antes de febrero de 2020, ya había proyecciones de que la fuerza laboral sería igual para 2025 con la mitad en el sitio y la mitad de forma remota.

Esos números se han disparado recientemente. Creo que la cara de la mano de obra tradicional ha cambiado. En el futuro, las empresas se adaptarán para permitir que los trabajadores completen sus trabajos de forma remota.

¿Cómo me preparo para trabajar desde casa?

Tratalo como un puesto en el sitio tanto como sea posible. Crea un espacio libre de distracciones y un horario de trabajo para que puedas mantener el equilibrio entre el trabajo y la vida personal y ser lo más productivo y feliz posible. La vida en pijama sin horarios ni compromisos suenan bien hasta que te das cuenta de que no has hecho nada más que relajarte durante casi una semana seguida y te das cuenta de que tus facturas están por vencer.

¿Pueden mis hijos estar en casa conmigo mientras trabajo?

Por supuesto, son tus bebés. Según la edad que tengan y el nivel de atención que necesiten, es posible que necesites tener a alguien contigo para cuidarlos en un espacio separado en la casa o llevarlos a un entorno de cuidado infantil tal como lo haría si estuviera trabajando en el sitio. Esta decisión es muy personal y depende de tu situación.

Conclusión

Hace unos meses, habría dicho que trabajar desde casa no es para todos y me habría incluido en esa categoría por muchas razones. Sinceramente, echo de menos el aspecto físico de salir de casa, hacer mi trabajo y luego volver a casa con mi pareja para volverme más loca.

Trabajar desde casa puede ser gratificante financiera, mental, física y espiritualmente. Todo depende de cómo lo mires y cómo elijas manejarlo.

Para cualquier persona nueva en el trabajo remoto, les doy la bienvenida a la comunidad de trabajo desde casa y les deseo el mayor de los éxitos. Investiga antes de comenzar cualquier cosa. Te ahorrará mucho tiempo, esfuerzo, dinero y frustración.

De mí para ti, te envío mucho amor, paz y buenos deseos.

Estén seguros ahí afuera, mis amigos, y aprovechar al máximo el día de hoy.